KB006943

그리스

GREECE

그리스

GREECE

콘스타인 부르하이어 지음 | **임소연** 옮김

세계의 **풍습과 문화**가
궁금한 이들을 위한
필수 안내서

시그마북스
Sigma Books

세계 문화 여행 _ 그리스

발행일 2024년 2월 7일 개정판 1쇄 발행
지은이 콘스타인 부르하이어
옮긴이 임소연
발행인 강학경
발행처 시그마북스
마케팅 정제용
에디터 최연정, 최윤정, 양수진
디자인 강경희, 김문배

등록번호 제10-965호
주소 서울특별시 영등포구 양평로 22길 21 선유도코오롱디지털타워 A402호
전자우편 sigmabooks@spress.co.kr
홈페이지 http://www.sigmabooks.co.kr
전화 (02) 2062-5288~9
팩시밀리 (02) 323-4197
ISBN 979-11-6862-203-6 (04900)
　　　　 978-89-8445-911-3 (세트)

CULTURE SMART! GREECE

Copyright © 2018 Kuperard Publishing an imprint of Bravo Ltd.
First published in Great Britain by Kuperard, an imprint of Bravo Ltd.
Korean language edition published by SigmaBooks Copyright © 2024

The photograph on page 125 is reproduced by permission of the author.
Images on pages 14, 82, 110, 130, 148, 155, 157, 174, 208, 222, 231, 240 © Shutterstock. Page 56 © Macedonian Heritage, an online review of the affairs, history and culture of Macedonia.
Images on the following pages reproduced under Creative Commons Attribution-Share Alike 4.0 International license: 63 © Livioandronico2013; 192 © Nikol Dimpari; 216 © Nicholas Hartmann; 224 © Neosmyrnian.
Creative Commons Attribution-Share Alike 3.0 Unported license: 18~19 © Papoutsis Travel; 29 © Wolfgang Sauber; 35 © Berthold Werner; 39 © Testus; 65 © Ggia; 105 © Dossier; 117 © Maggas at English Wikipedia; 119 © Tigroinikos; 144 © Kgbo; 150 © Dimboukas; 158 © Tanya Bakogiannis; 177(top right) © Nikodem Nijaki; 182 © en:image:baklava.jpg; 195 © No machine-readable author provided. Harrieta171 assumed (based on copyright claims); 197 © Napoleon Vier at Dutch Wikipedia; 202 © Dkoukoul; 213 © Badseed; 214 © Domaina.
Creative Commons Attribution-Share Alike 3.0 International license: 166 © Hummelhummel.
Creative Commons Attribution-Share Alike 3.0 Germany license: 57 © Bundesarchiv, Bild 101I-164-0389-23A / Theodor Scheerer / CC-BY-SA 3.0; 67 © Thomas Wolf.
Creative Commons Attribution-Share Alike 2.5 Generic license: 32 © Adam L. Clevenger; 132 © No machine-readable author provided. Onrev W~commonswiki assumed (based on copyright claims); 159 © bohringer friedrich; 188 © Leonidsvetkov at English Wikipedia; 204 © Marie-Lan Nguyen (2011).
Creative Commons Attribution-Share Alike 2.0 Generic license: 16 © Steve Swayne; 21 © stefg74 from Larisa, Greece; 58 © Υπουργείο Εξωτερικών; 137 © michael clarke stuff; 177(bottom left) © http://www.flickr.com/photos/zone41/; 177(bottom right) © Flickr.com user "deramaenrama"; 181(bottom) © Ronald Saunders from Warrington, UK; 183 © Klearchos Kapoutsis from Santorini, Greece.
Creative Commons CC0 1.0 Universal Public Domain Dedication: 63
The Photographer. GNU Free Documentation License, Version 1.2: 31 © Adam Carr.

이 책의 한국어판 저작권은 Kuperard Publishing an imprint of Bravo Ltd.와 독점 계약한 시그마북스가 소유합니다.
저작권법에 의하여 한국 내에서 보호를 받는 저작물이므로 무단전재와 무단복제를 금합니다.

파본은 구매하신 서점에서 교환해드립니다.

* 시그마북스는 (주)시그마프레스의 단행본 브랜드입니다.

그리스 전도

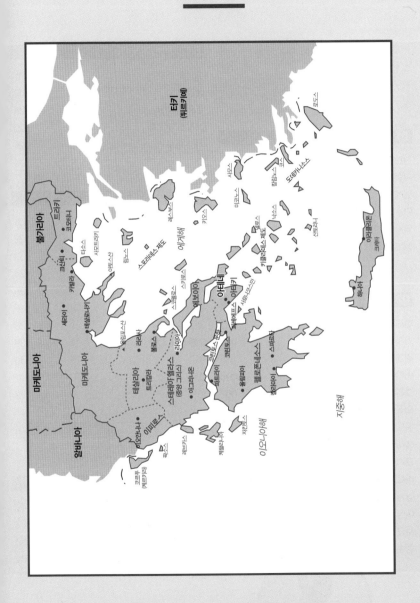

차 례

08 비즈니스 현황

06 여가생활

09 의사소통

07 여행, 건강, 안전

…… 왜 이렇게 아무 말이 없는가? 속마음을 들여다보라. 그리스를 떠날 때 우리는 행복하지 않았던가? 하지만 자신을 속이는 것이 무슨 소용이겠는가? 그건 정말 그리스인답지 않은 일일 뿐이다.

그러니 이제 진실을 인정하자.

우리도 모두 문화적으로 그리스인이다. 그렇지 않다면 우리가 무엇이겠는가? 우리는 모두 그리스인이다. 나라에 따라 취향과 감정이 조금씩 다를 뿐이다. 그리고 그리스의 가치에 비추어 이상해 보이는 취향과 감정이 오늘날 이 세계를 만들었다.

- C. 카바피스, 『그리스에서 돌아오며Returning from Greece』(1901) (콘스타인 부르하이어 역)

그리스는 짜릿한 경험을 선사하는 나라다. 재미있는 것은 그 찬란한 역사를 떼어놓았을 때 그리스가 더욱 짜릿해진다는 사실이다. 그리스 땅에 발을 내딛는다는 것은 오랜 옛날 정치와 도덕, 과학적 가치를 세우고 인류 사회를 설계했던 서양 문명의 요람 속으로 돌아가는 것을 의미한다. 수세기 동안 그리스 사람들은 상인, 학자, 신학자, 교사로서 전 세계에 흩어져, 기존의 체제와 조직을 무너뜨리고 그리스식으로 재건했다. 669년, 아테네의 학자였던 타르수스의 디오도루스는 캔터베리의 대주교로 영국 남부에 가서, 그리스어와 라틴어 학교를 세워 부족 간 분열을 봉합했다. 디오도루스가 그리스식 교구 체계와 인프라를 도입해 교회를 중심으로 영토를 관리하기 용이한 크기로 나누어 다스렸기에 가능한 일이었다.

이제까지 세계는 항상 그리스 세계에 속해 있었고 앞으로도 그럴 것이기 때문에 그리스에 대한 사람들의 기대치가 상당히 높은 것이 사실이다. 그 때문에 많은 사람들이 기대에 한참 미치지 못하는 그리스의 현실을 마주한 뒤 한동안 충격에서 헤어 나오지 못하기도 한다.

그리스는 열정과 찬미를 불러일으키고 편견을 갖게 만드는 나라다. 오늘날 그리스를 방문한다면 이 나라에 끝없는 매력을 느끼거나 거센 반감을 느끼거나 다양한 반응을 보일 것이다. 이런 반응은 전 세계 다른 나라들이 그리스를 아군인지 아니면 적군인지 어느 쪽으로 판단하느냐에 따라 달려 있다. 많은 사람들은 그리스의 반대편에 서는 것을 선택했다. 얼마

전, 세계경제위기가 터졌을 때, 선거에 질까봐 두려워하던 많은 정부와 정치계, 그리스의 경제적 선택을 우려하던 세계 시장은 모두 그리스를 주목하며 타산지석으로 삼았다.

이 책은 여행자에게 그리스의 배경과 가치, 현지인의 가치관 등 여행에 필요한 필수 정보를 제공하고, 낯선 땅에서 맞닥뜨릴 익숙하지 않은 상황을 어떻게 이해하고 어떻게 대처해야할지 안내할 것이다. 주요 역사를 다룰 때에도 현대 그리스와 관련이 있는 역사를 중점적으로 다루려고 한다. 천부적 재능이 넘치는 그리스인의 내면세계를 알고자 하는 사람이라면 많은 것을 배울 수 있을 것이다.

공식 명칭	헬레닉 공화국(Hellenic Republic, 그리스 공화국), 현지어로 엘리니키 디모크라티아(Elliniki Demokratia)	그리스인은 그릭(Greek) 또는 헬레네스(Hellenes)라고 불린다. 그리스는 EU와 NATO의 회원국이다.
수도	아테네	
주요 도시	테살로니키(제2의 도시)	그 밖의 도시로 이라클리온, 라리사와 2006년 유럽 문화 수도로 선정되었던 파트라이가 있다.
면적	13만 1,958km²(남한의 약 1.3배)	아마도 전 세계에서 가장 바다와 가깝고 바다에 친화적인 나라일 것이다.
국경	알바니아, 마케도니아, 불가리아, 터키(튀르키예)와 국경을 맞대고 있다.	
기후	높은 산맥과 긴 해안선으로 다양한 기후가 나타난다. 겨울이면 북부 산간지대에서는 눈이 내리지만, 그리스 중부와 섬은 습도가 높은 날씨를, 남부는 온화한 날씨를 보인다. 하지만 여름에 타는 듯 뜨거운 더위는 그리스 전역에 공통적이다.	
통화	유로(2002년 전에는 드라크마 사용)	
인구	전체 인구 약 1,034만 명 중 80%는 도시에 거주하고 그중 40%는 아테네에 거주한다.	최근 실시된 인구조사에서는 수십만 명의 합법 혹은 불법 이민자를 제외하고 인구를 집계했다.
언어	그리스어	
종교	그리스 정교 기독교	
민족 구성	전체 인구의 98%가 그리스계	소수민족으로는 무슬림(주로 터키인), 불가리아계, 집시, 마케도니아계 슬라브족 등이 있다.

정부	1975년 수립된 헌법에 따라 대통령을 수장으로 하는 의회 민주주의	
매체	주요 신문으로는 <카티메리니>와 <비마>가 있다. 국영 통신사는 ANA로, 영어와 프랑스어 방송을 한다.	
영어 매체	<카티메리니>는 영어판을 발간한다.	호텔은 위성 서비스를 제공하며, 프랑스어, 독일어, 러시아어로 발간되는 주간지도 있다.
비디오 TV	PAL 시스템	
전기	230V, 50Hz	대륙형 표준 플러그
전화	국가번호 30	전화를 걸 때는 항상 전화번호 앞에 지역번호를 붙여야 한다(발신자와 수신자가 같은 지역에 거주할 때도 마찬가지). 해외전화를 걸 때는 국가번호 앞에 00을 누른다.
인터넷 도메인	.gr	
시간대	한국보다 7시간 느림	여타 유럽 국가와 마찬가지로 서머타임이 적용된다.

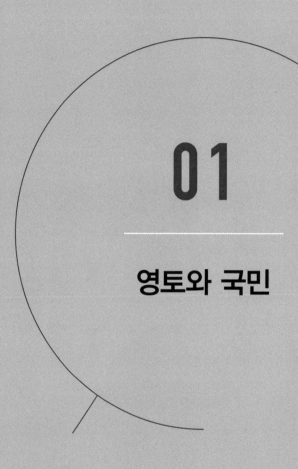

01

영토와 국민

그리스인은 과거에도 그랬고 오늘날에도 바다와 가까이 살고 있다. 그리스인 중 자연이 만든 만 (灣)과 물줄기, 바위절벽 그리고 해수욕장이 시작되는 구불구불한 해안선에서 80Km 밖에 사는 사람은 없다. 그리스의 삼면은 각각 에게해, 이오니아해, 지중해로 둘러싸여 있고, 푸르른 바닷물 사이로 3,000개가 넘는 섬과 돌섬이 흩어져 있다.

찬란한 유산, 과거와는 너무 다른 현대

그리스는 현대국가로 부상한 직후부터 다양한 어려움을 극복하고 많은 선례를 남겼다. 최근에는 EU 통합과 세계 경제에 전에 없던 영향을 미쳤기 때문에 앞으로 이 책에서는 그리스가 남긴 선례에 대해 반복적으로 다룰 것이다.

그리스는 수백 년 동안 독립에 대한 불씨를 키워오다 1821년, 혁명을 일으켜 오스만제국을 그리스 땅에서 몰아냈고, 완전한 독립을 이루기 위해 계속 투쟁했다. 영국과 프랑스, 러시아, 네덜란드, 오스트리아, 헝가리 등 강대국들이 세계를 분할해 식민지배하고 있던 당시, 그리스의 이런 움직임은 전례가 없던 것으로 세계적인 주목을 한 몸에 받았고, 다른 피지배 민족에게 그리스의 독립은 '위험한' 선례가 되었다. 강대국들은 신생국 그리스를 점령하기 위해 혹은 신생국 그리스의 발전을 억누르기 위해 치열한 경쟁을 펼쳤다.

유럽 사람들에게 그리스인은 그저 평범한 민족이 아닌 호메로스, 아리스토텔레스, 페리클레스의 후손이다. 낭만주의가 전 유럽의 지식 계층은 물론, 신흥 '노동자 계급'에 생기를 불어넣던 시기, 유럽은 신생 국가 그리스의 구조를 그대로 인정

하기 시작했다. 당시 유럽은 그리스가 성공적으로 자리 잡고, 고대 문명의 영광을 재현하기를 바랐다. 그리스식으로 된 모든 것은 여전히 유행하고 있었고 그리스인들은 멈추지 않을 것처럼 보였다.

이런 응원을 등에 업고 그리스는 1840년대 초반, 독립국가로 그 입지를 확고히 했다. 사실 그리스인들은 그리스만의 비잔틴제국을 재건하겠다는 꿈이 있었는데, 이 꿈은 멀리 있는 민족을 정복하는 모험을 감행하지 않아도 된다는 점에서 현실적이었다. 이 꿈을 이루기 위해서는 그리스인이 살고 있는 인근의 섬을 통일하고, 그리스어로 교육받은 중산층과 지식인 계급을 통합하기만 하면 되었다. 19세기 후반, 그리스는 영국이 점령하고 있던 일부 영토를 되돌려 받아, 지중해 동남부까지 영토를 확장했다. 그리스인들은 영국이 점령하고 있던 케르키라(별칭: 코르푸)부터 흑해까지 뻗은 폰투스(오늘날 튀르키예의 동북부에 해당), 그리스가 지배하던 왈라키아(오늘날 루마니아에 해당)와 키프로스, 크레타섬까지 널리 퍼져나갔다.

신생국 그리스에 반대하는 세력들은 그리스의 급속한 성장을 저지하기 위해 나섰다. 특히 세계 열강들은 지중해 동부에서 상업적으로 전도가 유망한 강국이 부상하는 데 우려를 표했다. 인근의 발칸반도에서는 19세기에 그리스가 달성한 위업에 영감을 받은 민족들이 그리스를 모방해 민족 국가를 건설하겠다며 투쟁에 나섰다.

그리스는 이후에도 타국과의 정면충돌을 피하지 않고 소신 있게 자신만의 길을 개척해 나아갔다. 이 정면충돌 중 일부는 그리스의 생존 능력을 높여주었고, 일부는 새로운 트라우마를 안겨주었다. 오늘날 그리스의 아름다운 자연환경과 커져버린 도시에서 이 정면충돌이 가져온 인간적·문화적 결과를 확인할 수 있다. 바로 이것이 현대 그리스다.

지형

철학자 아리스토텔레스(기원전 384~322년)는 그리스인이 연못 근처에 모여 사는 개구리처럼, 에게해 주변에만 몰려 살고 있다고 말했다. 그리스인들은 과거에도 그랬고 오늘날에도 바다와 가까이 살고 있다. 그리스인 중 자연이 만든 만과 물줄기, 바위 절벽, 해수욕장이 시작되는 구불구불한 해안선에서 80km 밖에 사는 사람은 없다. 아프리카는 영토가 그리스보다 300배나 크지만, 그 해안선은 그리스의 3배 정도만 길다는 것을 생각하면 바다가 그리스에 의미하는 바를 더 쉽게 이해할 수 있

을 것이다. 그리스의 삼면은 각각 에게해, 이오니아해, 지중해로 둘러싸여 있고, 푸르른 바닷물 사이로 3,000개가 넘는 섬과 돌섬이 흩어져 있다.

20세기 서양 신비주의 사상의 아버지로 추대 받는 그리스 아나톨리아 출신의 게오르기 구르지예프는 그리스의 철학적 사색은 험한 날씨로 오도 가도 못하게 된 어부들이 조용히 쉴 곳을 찾았던 데서 시작되었다고 말한 바 있다. 조용한 쉼터에서 지루함에 지친 어부들이 생각이라는 것을 하기 시작했고, 그중 더 똑똑하고 영특한 이들이 오늘날 인류의 발전을 가능하게 한 그리스 과학을 창시했다는 것이다. 과거의 어부들이

조용히 생각에 잠겼던 에게해의 깊숙한 오지에는 이제 복잡한 도시를 떠나온 사람들이 잠시 머물며 휴식을 취하고, 햇볕 아래에서 살갗을 태우거나 장편소설을 읽으며 시간을 보낸다.

그리스의 본섬은 복잡하게 얽힌 산맥이 그 등줄기를 이루고 있다. 산맥 중 일부는 갑자기 바다 속으로 사라졌다가 바다 한가운데서 다시 솟아올라 섬을 이룬다. 산세가 험준해 통행이 쉽지 않아 그리스는 아주 오래 전부터 독립 도시국가가 부상하기에 이상적인 자연환경이었다. 훗날, 그리스는 이런 지형 덕분에 외부 침입자의 공격을 피할 수 있었고, 외부의 접근이 쉽지 않은 곳에서 고유의 문화와 군사력을 키워나갈 수 있었다. 군도와 독특한 지형이 있어 그리스의 각 지역은 개성이 뚜렷했고, 그리스인들은 자신의 출신 지역에 대해 애착이 크다. 그리스 전역을 아우르는 교통망은 1990년에 들어와서 완비되었지만, 교통망이 정비된 이후에도 그리스 동쪽에서 서쪽으로 넘어가는 일은 여전히 쉽지 않다.

한편 그리스 최대의 평야는 그리스 중부의 테살리아에 펼쳐져 있다. 켄타우로스와 18세기 혁명가였던 리가스 페라이오스가 태어난 테살리아의 평야는 올림포스산 밑까지 죽 이어진다. 크레타, 코르푸, 키오스 등 큰 섬들은 섬의 크기가 크거나 지정학적 위치가 전략적이라, 자체적 그리스 문명을 유지할 수 있었다.

【기후】

그리스는 지중해성 기후를 보이며, 남쪽으로 갈수록 더워진다. 그리스를 방문하기 가장 좋은 시기는 5월~7월, 9월~10월 말 정도로, 기온이 20~28℃라 너무 덥지도 춥지도 않아 여행하기에 매우 좋다. 여름은 보통 32℃ 이상으로 무척 무더운데, 때로 북쪽에서 에테시아 바람('멜테미'라고도 함)이 불어와 무더위를 조금이나마 식혀준다. 겨울철에는 기온이 5℃ 이하로 떨어지

고, 특히 북부는 더 춥다. 일부 섬에서는 극한의 습도를 경험할 수 있다. 마케도니아와 이피로스, 트라키 지방에서는 겨울이면 눈과 안개를 볼 수 있다. 이오니아 제도의 날씨는 온화하고 더 습하다.

헬레닉 공화국 아니면 그리스?

그리스를 어떻게 부르는 것이 맞을까? 대부분의 사람들은 헬레닉 공화국과 그리스라는 두 명칭을 모두 익숙하게 사용한다. 그렇다면 그리스라는 명칭은 어디에서 왔을까? 과거 아리스토텔레스는 이피로스의 북부 지방에 위치한 도도나 근처에서 이웃나라 사람들이 그리스인을 '그레코이Grekoi'라고 부르는 것을 들었다고 했다. 곧 로마 사람들이 이 단어를 사용하기 시작했고, '그레코이'는 기독교가 퍼져나가며 더욱 널리 사용되었다. 그러면서 그레코이가 그리스로 자리 잡아 오늘날까지 이르렀다는 이론이 있다.

이 밖에도 그리스인들이 시칠리아로 이주했을 때, 어디에서 왔냐는 현지인들의 질문에 보이오티아 지방의 작은 도시 '그라

이아^{Graia}'에서 왔다고 대답한 데서 그리스가 유래했다는 이론도 있다. 이에 따르면 로마인들이 그 대답을 듣고 그리스인들을 '그라시^{Graeci}'라고 부르기 시작했다고 한다. 이 밖의 다른 유래설도 있지만 여기서는 다루지 않기도 한다.

오늘날, 이 나라의 공식 명칭은 영어로 헬레닉 공화국(한국어로는 그리스 공화국)이다. 그리스어로는 엘리니키 디모크라티아라고 한다. 현지인들은 그리스어로 자신들을 '헬레네'라고 부르고, 조국을 '헬라스^{Hellas}' 혹은 '엘라다^{Ellada}'라고 부른다. EU 문서에서 볼 수 있는 약자 EL은 엘리니키의 약자로 그리스를 뜻한다(영국은 EN, 프랑스는 FR, 독일은 DE 등으로 표기한다). 'Greek'으로 표기하는 경우도 많다. 지도와 EU, NATO, UN 등 국제기구에서는 그리스라는 명칭을 사용한다. 스포츠 경기에서는 GRE라는 약자를 사용하고, 차 번호판에는 GR이라는 약자가 기재되어 있다. 그리스에 등록된 인터넷 주소는 '.gr'라는 도메인을 사용한다.

사실 그리스에는 이름이 하나 더 있다. '유난^{yunan}'이 그것이다. 대부분의 무슬림 국가는 그리스를 유난이라고 부른다. 이는 소아시아의 고대 그리스 지방을 이르던 '이오니아'를 페르시아어와 아랍어로 '유난'이라고 한 데서 비롯된 것이다. 이와 관련된 이름을 히브리 성서의 창세기 10장 1~4절에서 찾아볼 수 있다. 노아의 후손과 그들이 세운 나라를 열거하는 성경 구절에서 노아의 손자 중 한 명이었던 야완이라는 인물이 등장하는데, 야완은 '이오니아'와 관련이 있거나 '이오니아'에서 유래된 이름이다. 이들이 나라를 건국한 것은 대홍수 이후였으므로, 야완은 자연스럽게 바다와 가까운 곳에 사는 이들을 다스렸다. 야완의 아들 깃딤은 키프로스를 세웠고, 야완의 또 다른 아들인 도다님은 로도스섬을 다스렸다. 그리고 야완의 큰아버지였던 셈은 내륙지방에 살던 셈족의 조상이 되었다.

이 모든 역사를 지나, 오늘날 그리스는 여러 어려움을 극복하고 현대화를 향해 나아가고 있다.

단순 언어 그 이상의 그리스어

놀라운 깊이를 지닌 그리스어는 그리스 역사 기록의 중요한 근간이 되어왔다. 먼저 그리스어의 주요한 특징으로 세대를 거치며 언어가 다양한 갈래로 발전해왔다는 것을 들 수 있다. 그리스는 문명의 발전 단계마다 다른 형태의 소통이 필요했고,

그리스어는 이런 시대별 요구사항을 받아들이면서 변해왔다. 특이한 점은 발전 과정에서 기존의 언어를 처분하는 것이 아니라, 그 언어를 그대로 유지하면서 새로운 언어를 더했다는 것이다. 이 같은 일이 영어에 일어났다고 가정한다면 영어(영국은 1362년, 영어를 공식어로 채택하고 영어만 사용할 것을 규정했다)를 공식 언어로 하는 영국인과 미국인이 다양한 목적에 따라 각각 앵글로색슨, 프랑스, 영국 시인 초서, 엘리자베스 1세 시대, 미국식 영어 등 다양한 버전의 영어를 구사하는 것과 같다.

결론적으로 그리스어에는 여섯 가지 버전이 살아남아 현대 그리스어를 이루고 있다. 때로 어떤 언어를 사용할 것인지를 두고 피비린내 나는 싸움이 벌어지기도 했고, 사회 계층별로 다른 언어를 쓰자고 주장하는 바람에 체제 전체가 약화되기도 했다. 그래서 결국 어떤 언어가 살아남았을까? 그리스어는 지역 방언 몇 가지를 제외하고 아티카 그리스어, 알렉산드린/성직자 그리스어, 카타레부사[Katharévousa] 그리스어, 그 뿌리를 알렉산드린에 두고 있는 코이네[Koiné](혹은 데모틱) 그리스어로 나뉜다.

오늘날 그리스는 공식 언어로 코이네, 즉 데모틱을 채택하고 있다. 그리스를 방문한 여행자라면 바로 이 코이네 그리스

· 분노, 노래, 여신 ·

역사상 가장 오래된 기록으로 한 민족을 판단할 수 있을까? 『일리아스』의 첫 문장, "Μῆνιν ἄειδε, θεά, Πηληιάδεω Ἀχῐῆοςῷ"는 "여신이여, 분노를 노래하소서"라는 뜻으로, 이 문장은 분노, 노래, 여신이라는 단어로 구성되어 있다.

『일리아스』는 호메로스가 구전으로 내려오던 신화를 엮은 서사시로, 비극과 뼈아픈 우정, 전쟁으로 인해 무너진 가족 등을 묘사하고 있다. 전쟁은 잘생긴 트로이의 왕자 파리스가 아름다운 헬라스인 헬레네를 납치하면서 일어난다. 호메로스는 이 서사시에서 그리스군의 용사였던 아킬레우스가 친구 파트로크로스가 전장에서 죽고 난 후 느끼는 분노를 생생하게 묘사했는데, 실제로 현실 속 그리스인들도 아킬레우스처럼 성미가 급한 편이다. 그리스에 가서 현지인과 어울리다보면 아직도 풍성하게 남아 있는 그 음악적 전통을 느낄 수 있을 것이다. 또한 많은 그리스인들이 때때로 신에게 선택 받은 혹은 저주 받은 민족으로 여기고 있다는 것도 알게 될 것이다

어로 그리스 친구와 파트너, 정부 기관과 대화를 나눌 것이다. 성직자 그리스어는 그리스 정교의 언어이고, 아티카 그리스어는 그리스의 모든 학교가 가르치는 의무 교과 과정이자, 전 세

계의 유구한 역사를 지닌 대학에서도 가르치고 있는 언어다.

그리스는 어떤 언어를 표준어로 채택할 것인지를 두고 치열한 싸움을 벌였다. 어떻게 고작 문법과 어휘가 이런 갈등을 일으킬 수 있었던 것일까? 대답은 간단하다. 지난 4000년 동안 그리스인들은 가정, 행정, 법률, 이론, 문학, 안보, 상업 문제를 매일같이 언어로 표현해왔다. 그리고 그 언어는 오랜 세월을 거쳐 전승되어, 오늘날 코르푸의 한 올리브 농장주는 호메로스 시대의 언어에서 직접 내려온 말로 자녀와 대화한다. 이렇게 그리스어는 수천 년의 세월 동안 끊임없이 사용되고 발전하며, 인간의 경험과 감정이 온전히 담긴, 일종의 노아의 방주가 되었다. 기존의 토착 언어에 더해 외래 어휘도 받아들였다. 각 갈래의 그리스어는 서로 다른 판단 기준이 있을 뿐 아니라, 고유의 도덕적·정치적 우선순위가 있다. 마치 각기 다른 이념이 있는 것처럼 느껴질 정도다.

이런 언어적 특징은 그리스 문학이 찬란한 꽃을 피우는 데 중요한 역할을 하기도 했지만 동시에 폭동의 원인이 되기도 했다. 1901년, 성경이 코이네 그리스어로 번역되자, 그 번역을 둘러싸고 폭동이 일어났다. 1930~1970년대 사이에는 일반 대중이 사용하는 코이네를 사용하면, 타락하고 위험한 반그리스

자유의지론자로 간주되었고, 20세기 후반 카타레부사 그리스어를 쓰면, 극우 국수주의자로 여겨졌다. 그 결과로, 더 많은 폭동이 일어났다. 가상현실에서나 일어날 법한 말도 안 되는 이야기처럼 들리겠지만, 이게 현실이다. 그렇다, 그리스에 오신 것을 환영한다.

역사 개관

【 호메로스 이전 】

그리스인은 어디에서 온 사람들일까? 그들의 기원은 어디에서 찾을 수 있을까? 그리스인이 언제 문화적 공동체로 등장했는지에 대한 확실한 증거는 없다. 하지만 한 가지 확실한 것은 그리스어는 세계에서 가장 오랫동안 끊임없이 사용된 가장 오래된 언어로, 오래됨의 표식으로 사용할 수 있다는 것이다.

기원전 2100~1900년쯤을 초기·중기 헬라딕 시대라고 한다. 기원전 2000년쯤, 크레타섬 주민들은 맛있는 올리브오일을 만들어 먹기 시작했을 뿐 아니라 범선을 만들어 탔다. 오늘날 크레타에서는 여전히 생동감 넘치는 프레스코화 등 미노스

문명의 흔적을 확인할 수 있다. 그리
스에서 가장 오래된 문자 기록은 미케
네왕국이 기원전 1500년쯤 사용한 선
형 B문자다. 이 문자의 구어 버전은 그
보다 더 오래 전부터 사용되었을 것으로
추정한다. 이 시기, 에게해에서는 키클라데스
Cycladic 문명도 번성하기 시작했다. 기원전 1193년,
도시국가 트로이가 미케네왕국의 아가멤논 왕에게 멸망한 데
서, 당시 그리스에는 다양한 왕국과 도시국가가 있었으며, 여
러 국가가 힘을 합쳐 대규모 원정군을 조직할 수 있었음을 알
수 있다.

【 호메로스 이후 】

그리스인과 서구인에게 현대적 의미의 문명은 호메로스의 서
사시부터 시작한다. 오늘날까지도 호메로스의 서사시는 그리
스의 현지 교회 에클레시아ekklesia의 설교에 자주 인용될 정도
로 지대한 영향력을 미치고 있다. 호메로스는 『일리아스』와
『오디세이』를 기원전 900년쯤에 집필했다. 두 이야기 모두 구
전으로 전해 내려오던 신화를 엮은 것이다.

『일리아스』와 『오디세이』는 우리가 알고 있는 문학의 시초다. 수천 년 전 작품임에도, 오늘날 독자들도 충분히 공감할 수 있을 정도로 격동 속에서 인간이 겪는 변화를 생생하게 묘사했다. 그리스인은 전 세대에 걸쳐 이 작품에 담긴 윤리적·종교적·역사적 인식에서 가르침을 얻었다. 또한 이 작품에는 '오랑캐 말을 하는barbarophone' 사람에 대한 대목이 나오는데, 이로부터 한참 뒤인 투키디데스와 플라톤의 작품에 비그리스인을 뜻하는, 'barbarian(이방인)'이라는 단어가 등장한다.

기원전 776년, 파로스섬에서는 서정시가 처음 나왔다. 이즈음 펠로폰네소스 반도의 서쪽 해안에 위치한 올림피아에서는 최초의 올림피아 제전 경기가 치러졌다. 기원전 700년쯤, 그리스인들은 본격적으로 지중해에 식민지를 건설하기 시작해, 기원전 600년쯤에는 오늘날 마르세유의 기원이 되는 도시국가 식민지를 세웠다. 기원전 625년쯤에는 처음으로 금속제 동전이 등장하는데, 동전에는 밀 이삭이 그려져 있어 과거 밀이 통화로 쓰였음을 알려주고 있다. 이 통화는 '드라크마Drachma'라고 불렸다.

【그리스 고전기】

그리스 고전기(기원전 500
~400년)는 오락과 스포
츠, 정치, 개인 자율권,
예술, 문학, 수사학, 건
축, 과학 등 서양문명의
문화적 기반이 되는 모

든 것이 비롯된 시대다. 이 시대 그리스 철학은 향후 2000년
동안 철학의 근간이 될 위대한 주제들을 도입했다. 조각 분야
에서는 기존의 정형화된 딱딱한 형태를 버리고, 가장 아름다
운 시절의 인간의 모습을 살아 있는 듯 생동감 넘치게 묘사하
는 새로운 풍조가 나타났다. 그리스의 비극과 극문학은 오늘
날 우리가 알고 있는 극문학 전개의 원형을 구축했다. 또한 현
대 음악 용어들, 이를테면 리듬과 박자, 심포니, 화음, 합창, 기
타, 오르간, 베이스 등도 모두 그리스에서 유래한 것이다. 음악
을 뜻하는 '뮤직music' 또한 학문과 예술의 여신이었던 뮤즈muse
에서 유래했다. 예술에 관련된 거의 모든 것은 이미 아테네에
서 만들어져 전해 내려와, 오늘날 할리우드의 태양 아래 새롭
게 만들어진 것은 거의 없다. 그리스 고전기가 끝나고 2000년

후, 시인 존 밀턴은 그의 유명한 시 〈실낙원〉에서 이렇게 노래 했다.

…에게해 해안에 깨끗한 공기에 밝은 색 흙을 가진, 고상한 도시 아테네가 우뚝 서 있다. 그리스의 눈이자 예술과 수사법의 어머 니인 아테네여.

이어 1821년, 영국의 낭만파 시인 퍼시 비시 셸리는 '우리 모두는 그리스인이다'라는 유명한 말을 남겼다.

우리가 상상할 수 있는 그리스의 위업을 모두 보여주는

유적이 있다면, 그리스 아테네의 아크로폴리스 파르테논 신전을 들 수 있을 것이다. 당연하게도 유네스코는 파르테논 신전을 세계문화유산 1호로 지정해, 세계문화의 상징으로 삼고 있다.

인류의 정치역사상 가장 중요한 발전은 아테네의 정치인, 클레이스테네스(기원전 565~500년)가 이루었다고 말할 수 있을 것이다. 아테네의 법률가이자 정치인이었던 그는 나라의 힘은 일반 민중에서 나온다는 신념에 입각해 데모스^{Demos}(민중)와 연합해 개혁을 일으켰고, 그가 수립한 체계를 '민주주의'라고 부른다.

문화적으로 번영하고 있었지만, 그리스는 끊이지 않는 전쟁에 시달렸다. 설상가상으로 페르시아가 그리스에 눈독을 들이기 시작했다. 하지만 기원전 490년, 아테네는 마라톤 전투에서 페르시아 군을 물리치고 대승을 거두었다. 그리스는 세계 전쟁사에서 중요한 승리로 손꼽히는 이 전투에서 승리함으로써, 페르시아가 그리스 문명을 파괴하고 포악하게 다스릴 수도 있었던 것을 막았다.

페르시아의 공격과 침입이 잦아지자, 그리스인들은 스스로 무장해 나라를 지켜야 한다는 것을 깨달았고 곧 단순 무기가 아닌, 전략과 전술로 무장하기 시작했다. 적은 병력을 극복하기 위해서는 재기 넘치는 전술이 필수적이었다. 율리시스는 감당하기 힘든 대규모 병력 앞에서도 빠른 판단과 창의적 전술로 승리를 거두어, 후대의 높은 평가를 받았다. 올림피아 신전의 인기 신이었던 전쟁의 신이자 지혜의 신 아테나는 인간 지혜의 수호자로 숭배 받았다.

그리스는 대외적인 전쟁에서는 승리를 거두었지만, 내전은 그칠 줄 몰랐다. 피비린내 나는 전쟁 가운데서도 그리스의 예술과 문학은 찬란한 꽃을 피웠고, 언어는 더욱 가다듬어졌으며, 인간의 가치에 따른 진실을 추구하려는 노력도 끊이지 않았다.

장기간 지속된 아테네와 스파르타의 무의미한 전쟁을 사실에 기반해 기록한 『펠로폰네소스 전쟁사』를 쓴 역사가, 투키디데스는 실증적 추적 보도의 아버지로 여겨지고 있다. 그는 책을 집필하며 철저히 자료를 조사하고 목격자를 취재했으며, 출처를 꼼꼼하게 점검한 것으로 유명하다.

【 알렉산드로스 대왕과 그리스화 】

마케도니아의 왕이었던 필리포스 2세는 기원전 338년에 사망하기 전, 끊임없는 내전에 시달리던 남쪽 이웃나라를 침략해

정복하는 데 성공했다. 필리포스 2세의 아들 알렉산드로스 대왕은 아버지가 기반을 다진 왕국을 동쪽으로 확장해, 인더스 문명에 닿는 거대한 왕국을 수립하고자 계획했다. 오늘날 인도 사람들은 그리스라는 나라에 대해서는 거의 아는 게 없을지라도, 알렉산드로스 대왕과 아리스토텔레스에 대해서는 잘 알고 있다. 여기서 아리스토텔레스는 알렉산드로스를 가르쳤던 당대의 위대한 철학자가 아니라, 그리스의 선박 재벌 아리스토텔레스 오나시스다.

알렉산드로스는 자신을 가르쳤던 스승과 건축가를 대동하고 다니며 가는 곳마다 그리스의 문화와 언어, 건축을 전파했다. 그 덕분에 한동안은 불상에서도 그리스의 영향을 찾아볼 수 있었다. 탈레반이 훼손한 아프가니스탄의 거대한 불상도 그중 하나다.

기원전 323년 알렉산드로스가 세상을 떠난 뒤 그리스의 내전은 다시 시작되었고, 그리스의 영향을 고스란히 간직하고 있던 알렉산드로스 왕국은 작은 도시국가들로 분열되었다. 마케도니아 출신의 프톨레마이오스 왕조는 수백 년 동안 그리스계 파라오로 이집트를 다스렸는데, 여왕 클레오파트라가 연인이었던 안토니우스와 기원전 30년, 동반 자살하면서 그리스계 파라오의 이집트 지배 시대는 막을 내렸다.

당시, 그리스 문명은 이미 지중해 전역에 퍼져 있었고, 근동 지역에서는 특히 지배적인 문화로 부상했다. 근동 지방은 20세기 초반까지도 그리스어를 사용했다. 이집트의 항구 도시, 알렉산드리아에서는 수학자 유클리드가 그리스의 수학 지식을 집대성한 『원론』이라는 책을 써서 향후 2000년 동안 수학의 근간이 될 원리를 정리했다.

【 로마제국 시대의 그리스 】

그리스가 계속되는 내전에 휘말려 있던 탓에, 문화적으로는 덜 성숙했지만 체계가 잘 잡혀 있었던 로마제국이 세계 무대의 강자로 등장했다. 기원전 146년, 로마는 코린토스를 침략해 정복했고, 그리스인들은 새로운 지배자를 받아들여야 했다. 사실 침략 초기, 로마는 그리스인에게 가혹할 만큼의 높은 세금을 부과하는 데만 관심이 있었을 뿐이었다. 하지만 곧 로마인은 그리스 문화의 매력에 푹 빠져, 그리스인을 스승으로 삼았고(스승으로 삼은 그리스인 중 많은 수가 노예였다), 그리스의 신을 숭배했으며 그리스의 건축과 조각을 받아들였다. 아주 기본적인 틀만 잡혀 있었을 뿐 체계가 없었던 로마의 언어도 그리스의 문법과 문학, 어휘를 수용해 대폭 정비되었다.

기원전 3세기에는 프톨레마이오스 2세 필라델포스의 명으로 히브리 성서를 코이네 그리스어로 번역했고, 지중해에 흩어져 살던 독실한 유대인들이 이 성서를 수용하면서, 히브리어는 더 이상 일상생활에서 구어로 쓰이지 않게 되었다. 이런 이유로 헤로데 왕도 그리스어 교육을 받았고, 로마제국의 고위 관리들도 현지 유대인과 갈릴리 사람과 그리스어로 소통했다.

【 콘스탄티노플과 비잔틴제국 】
사람들은 5세기에 일어난 로마제국의 멸망이 영원한 것은 아

무엇도 없다는 진리를 다시 한번 일깨워주는 사건이었다고 생각한다. 하지만 로마제국이 멸망한 후로도 로마는 천년 동안 더 지속되었으므로, 이런 생각은 서양 역사학자들의 지역주의를 반영한 잘못된 관념이라 할 수 있다.

로마제국이 멸망한 뒤, 제국은 서로마와 동로마로 나뉘었다. 콘스탄티누스 대제는 고대 그리스의 식민 도시였던 보스포루스 해안에 위치한 비잔티움에 동로마제국을 건국하고, 330년에 비잔티움을 수도로 삼을 것을 선언했다. 그의 후계자들은 이 도시를 콘스탄티노플이라 불렀다. 서로마가 암흑기에 접어들어 몰락의 길을 걷는 동안, 동로마제국은 번성했다. 동로마제국과 동의어로 쓰이는 '비잔티움'이라는 단어는 15세기 아테네의 역사학자 라오니코스 찰코콘딜레스Laonikos Chalkokondyles가 "비잔티움의 왕들은 그 자신을 로마의 왕(황제)이라 자랑스럽게 불렀으며, 자신을 그리스의 왕으로 칭하지 않았다"고 한 문장에서 처음 사용되었다.(찰코콘딜레스의 후손 중 일부는 그리스를 떠나 국제도시들을 경험한 뒤 아테네로 돌아와 살고 있다.)

19세기 유럽 역사학자들이 '비잔티움'이라는 단어를 즐겨 사용하는 바람에, 사
실 더욱 적절한 명칭인
'그리스 동로마제국'이
'비잔티움'으로 대체되
었다. '그리스 동로마제
국'에서의 '그리스'는 국
가 '그리스'가 아닌 기
독교적 의미며, 제국에
살던 현지인과 사용되
던 언어, 그리고 무엇보다 라틴 로마족, 슬라브족, 아르메니아
족, 아랍어를 쓰던 민족을 모두 아울렀던 고대 그리스의 뿌리
를 가리킨다. 동로마제국 사람은 대부분 그리스 정교를 종교로
신봉했고, 서로마 사람은 대부분 로마 가톨릭을 신봉했다.

동로마제국이 이룬 위업 중 하나를 꼽으라면 새로운 키릴
문자를 만들어, 수없이 많은 슬라브 방언이 난무하던 동유럽
의 언어를 통일한 것이다. 이 언어는 9세기, 콘스탄티노플의 명
을 받아 테살로니키의 두 형제 수도자, 키릴루스와 메토디우
스가 만든 것으로 그 본 목적은 슬라브 사람에게 동방정교를
가르쳐 개종하게 만드는 데 있었다. 형제는 성경을 번역하고

주요 교리를 그리스어에서 슬라브어로 옮겨왔지만 당시 슬라브어는 아주 기본적인 틀만 갖춘 상태였기 때문에 그리스어를 들여와 어휘를 풍부하게 만들고, 그리스어 문법을 이용해 그 체계를 가다듬고, 발음에 맞추어 그리스 문자를 바탕으로 특별한 알파벳을 만들었다. 형제가 만든 언어는 불가리아와 러시아, 우크라이나 등 새 국가들의 수립에 배경이 되었다.

1204년, 십자군 원정대는 이슬람교도에게서 성지를 탈환하겠다는 본래 목적을 상실하고, 동로마제국의 황권을 놓고 벌어진 쟁탈전에 휘말려 콘스탄티노플을 함락한다. 하지만 십자

군은 함락한 콘스탄티노플을 다시 동로마 왕족에 돌려주지 않고 베네치아와 분할 통치하기로 한다. 그렇게 복원된 동로마제국은 결코 예전 같지 않았고, 콘스탄티노플 총대주교청과 로마 가톨릭교의 갈등은 깊어져만 갔다.

【 망명과 르네상스 】

그렇다면 슬라브 문명을 발전시킨 것을 제외하고, 비잔티움제국은 인류를 위해 어떤 공헌을 했을까? 먼저 비잔티움제국은 수차례의 종교회의를 통해 기독교 교리를 안정화했다. 또한 그리스의 고전 전통을 잘 보존했고, 13세기부터는 학자들을 통해 이탈리아와 소통했다.

오스만제국이 아시아에서 유럽으로 세력을 확장하면서 비잔티움의 많은 학자들이 이탈리아로 망명하거나 도피했다. 당시 망명자들은 이탈리아의 베네치아와 피렌체, 파도바, 볼로냐 등지에 거주하며, 작은 규모의 집단 거주지를 형성했다. 콘스탄티노플이 무너지기 직전이었던 1453년, 망명의 물결은 더욱 거세어졌다.

이탈리아로 망명한 비잔티움의 학자들은 수준 높은 교수법, 손으로 직접 쓴 필사본과 지도서를 이용해 이탈리아의 르

네상스를 이끌었다. 15세기 위대한 학자, 데메트리오스 칼코콘 딜레스Demetrios Chalkokondyles는 이탈리아에 방문한 영국인 리네커Linacre와 그로신Grocyn에게 고대문학 분석법을 가르쳤고, 영국으로 돌아간 이들은 옥스퍼드 대학교에서 인본주의 학문을 연구하기 시작했다.

군사적으로 비잔티움은 6세기부터 이슬람의 침입을 막고, 그들과 맞서 싸워야 했다. 이 때문에 알프스 북쪽에 위치해 상대적으로 안전한 입지를 확보하고 있던 서유럽은 문화적으로 미성숙한 상태에서 점차 자신의 개성을 찾고 나라를 발전시켜 나갈 수 있었다.

세계 문명의 발전사를 제대로 설명할 단 하나의 연결고리로 비잔티움의 성과를 꼽는 것은 위험한 일이겠지만, 그것을 인정하지 않는다면 서양 문명과 이슬람 문명을 제대로 이해하지 못할 것은 자명한 일이다. 그리고 비잔티움이 꽃피운 찬란한 문화를 충분히 살펴보기에 가장 좋은 나라가 바로 그리스다.

과거 베네치아도 코르푸 등 이오니아 제도의 섬을 지배하며 해상 항로를 지배하기 위해 에게해에서 터키(2022년 '튀르키예'로 국가명 변경)와 맞서 싸우면서 그리스에 중요한 영향을 미쳤다. 14세기부터 18세기 후반까지 베네치아에는 그리스의 상인, 학자, 신학자 등이 수천 명 살며, 비잔티움 스타일을 전파하고 귀중한 필사본을 남겼다.

【 악몽과 배신 】

그리스만큼 배신이 밥 먹듯 일어난 나라도 별로 없을 것이다. 그리스의 역사는 동족끼리의 배신과 배반으로 점철되어 있다. 특히 나라를 이끌던 지도자급 인물을 역사적으로 아주 중요한 순간에 배신하는 일이 많았고, 이는 제2차 세계대전을 지나 1974년까지 지속되었다.

재미있는 일화가 하나 있다. 그리스어로 '악몽'을 '에피알티스efiáltis'라고 하는데, 이 단어는 다름 아닌 기원전 480년 테르모필레 전투에서 스파르타를 칠 수 있는 방법을 적국, 페르시아에 알려주어 조국이 전투에서 대패하게 만들고 나라 전체를 위험에 빠뜨렸던 밀고자의 이름이다. 그리스인에게 그 이름보다 악몽 같은 것은 없었던 까닭이다.

【 오스만제국의 침입과 혼돈의 시대 】

콘스탄티노플은 1453년 5월 29일 화요일 오스만제국에 함락된다. 비잔티움제국의 마지막 황제였던 콘스탄티누스 11세 팔레올로고스는 갑옷을 입고 완전 무장한 채 무너지는 성벽을 지키다가 장렬하게 전사했다. 이후 오스만군은 그의 시체를 찾아내 다시 목매달았다고 한다.

이스탄불이라는 이름은 그리스어로 '에이스 틴 폴리^{eis tin Poli}
(도시로)'라는 문장의 발음을 차용해 만든 것이다. 비잔티움에는 콘스탄티노플이라는 단 하나의 폴리스, 즉 도시만이 존재했기 때문이다. 오늘날에도 성지순례나 총대주교청을 방문하기 위해, 부모님의 고향을 방문하기 위해 혹은 단순히 쇼핑하기 위해 이스탄불에 가는 그리스인들은 '파오 이스틴 폴리^{pao istin Poli}'라고 말한다. 말인즉슨, '나는 도시에 간다'는 뜻이다.

비잔티움을 정복한 터키 오스만제국은 약 400년 동안 그리

스인을 지배했고, 그 기간 동안 그리스는 서구 세계의 주요 발전을 공유하지 못한 채 고립되었다. 투르크인은 언어와 종교, 문화가 전혀 다른 민족이다. 하지만 그렇다고 해서 오스만제국이 비잔티움 정복 초반 펼쳤던 건

전한 통치를 펼하할 수는 없다. 오스만제국은 비잔티움제국을 정복한 초기, 비잔티움인이 직접 오스만인에게 행정 문제를 가르치도록 했다. 오스만제국은 콘스탄티노플의 총대주교를 통해 그리스 정교도 인정했고, 오스만제국의 기독교 인구도 박해하지 않고 되려 보호해주었다. 무엇보다 그리스어를 계속 사용할 수 있게 해주었다.

어느 면에서 오스만제국은 17세기 후반 전까지는 서구의 그 어떤 나라보다 다른 종교를 더욱 관대하게 포용하는 모습을 보였다. 당시 서구는 종교 전쟁으로 많은 이들이 목숨을 잃었고 나라가 피폐해졌지만, 오스만제국 내에서 그런 일은 일어나지 않았다. 만약 1683년, 오스만제국이 빈을 함락시켰다면 중앙 유럽의 많은 부분이 오스만제국의 영토가 되었을 것이고, 그리스 관리의 통치를 받으며 완전히 다른 역사가 쓰였을 것이다. 하지만 빈 함락에 실패한 오스만제국은 이후 몰다비아와 왈라키아(두 나라가 합쳐져 오늘날의 루마니아가 되었다)를 속국으로 만드는 데 성공했고, 1716년부터 1821년까지 그리스 귀족을 보내 술탄으로서 나라를 다스리게 했다.

한편, 오스만제국의 해군은 그리스 조선공이 만든 배로 구성되었고, 그리스인이 직접 함장이 되어 이끌었다. 오늘날까지도 터키 해군이 사용하는 항해 용어에는 그리스 항해 용어뿐 아니라 베네치아와 제노바 용어(마찬가지로 투르크 함선에 탔던 그리스인들이 도입)도 많이 섞여 있다. 또한 19세기, 오스만제국의 가장 뛰어난 대사와 장관 중에는 그리스인이 많았다.

하지만 세월이 흐름에 따라 오스만제국의 통치가 점점 초반의 방향을 상실하면서 비잔티움은 어두운 터널을 지나야 했다. 400년의 점령 기간이 남긴 영향은 오늘날 그리스인이 정부를 대하는 태도에서 분명히 확인할 수 있다. 많은 사람들이 정부나 정부 관료는 법 위에 있으며 자신은 법 아래 있다고 느낀다. 또한 오늘날까지도 많은 그리스인은 국가에 대한 두려움을 간직한 채, 개인의 일에만 충실하려는 경향을 보인다.

오스만제국은 시민을 위한 공공건물이나 종교용 건물을 짓지 못하게 했다. 모든 것은 군인이 쉽게 부술 수 있을 만큼 약해야 했다. 교회는 1층 높이로 낮게 지어졌고, 문도 낮게 달았다.

오스만제국의 최고 건축가로 시난을 꼽을 수 있다. 시난은 그리스 정교 가정에서 태어난 기독교인이었지만 콘스탄티노플에 온 뒤 이슬람으로 강제 개종당했다. 1588년 사망하기까지, 쉴레이마니예 사원 등 이스탄불의 스카이라인을 화려하게 장식하고 있는 다수의 건축물을 남겼다. 비잔티움 교회에서 받은 영감이 확연한 그의 건축 스타일은 오스만제국의 전 영토로 퍼져 나갔다.

무슬림이 아닌 인구는 술탄의 노예이자 '라야raya(소라는 뜻)'로 여겼다. 술탄은 마음 가는 대로 '라야'를 대우했고 술탄의 수중에서 라야는 파리 목숨이나 다름없었다. 이에 수많은 무고한 생명이 희생되었으며, 특히 17세기 후반, 술탄의 윤리가 무너지기 시작하면서 희생된 사람은 더욱 많아졌다. 종종 대량 학살이나 종족 학살도 일어났고, 터키에서는 1955년 이후에도 종교로 인해 집단으로 박해하는 '포그롬pogrom'이 계속 일어났지만 세계의 큰 관심을 받지 못했다.

【 멀고도 먼 회생의 길 】

여기서 '고대 그리스'와 수백 년 동안의 탄압이라는 틀 밖에서 그리스의 특성을 이해하기 위해 그리스를 다른 방향으로 살펴볼 필요가 있다. 이탈리아와 동부 유럽에 미친 그리스의 영향은 비교적 기록으로 잘 보존되어 있으므로, 살짝 돌아가는 것이긴 해도 서부 유럽에 미친 그리스의 영향을 집중해 살펴보기로 하겠다.

17세기 말까지 서부 유럽의 종교 전쟁으로 유럽 대륙이 깊은 상처를 입은 가운데, 그리스 정교는 한 가지 중요한 사실을 보여주었다. 곧 프로테스탄트와 가톨릭교회 모두 초기 기독교에 근간을 두고 있는 것으로 보이길 원했기 때문에, 그리스를 자기편으로 만들고 싶어 했다. 그리스 교회는 군대가 없었고 수백만의 신자만 있었기 때문에, 양쪽 모두에게 그리스 정교회는 더욱 탐나는 대상이었다.

그리스 신학자들은 유럽 전 대륙에 흩어져 성경과 복음을 번역해 가르치고, 각지 학자들에게 그리스어를 가르쳤으며 종교 의식을 설명해주었다. 이 가운데 그리스 정교회의 책 두 권이 전 유럽에 지대한 영향을 미쳤는데 하나는 자카리에 거가노스^{Zacharie Gerganos}가 1622년에 발표한 『기독교 교리문답^{Christian Catechism}』으로, 이 책은 로마 가톨릭교회와 교황에 지대한 영향을 미쳤고 프로테스탄트에게도 어느 정도 영향을 미쳤다. 다른 책은 로마 가톨릭을 옹호하는 내용을 담은 카리오필로스^{Caryophillos}의 『반박^{Refutations}』(1631)이다.

아테네의 정치가이자 의사였던 레오나르도스 필라라스^{Leonardos Philaras (1595~1673)}는 프랑스 추기경 리슐리외의 비호 아래 프랑스 궁정의 자문으로 일했다. 레오나르도스는 영국 시인 존 밀턴이 크롬웰 연방자유국의 외무부 장관 감투를 쓰고 있을 때 친구로 지내며, 밀턴에게 '영국 군대와 함선을 보내 그리스를 오스만제국에서 해방시켜 달라'고 요청하기도 했다. 이런 대규모 원정을 덜컥 약속할 수 없었던 밀턴은 필라라스에게 '먼저 그리스가 이런 원정을 감행할 가치가 있다는 것을 증명해야 한다'고 답했다. 그러면서도 점점 악화되는 시력에 대해 레오나르도스에게 많은 조언을 구했다.

마지막으로 예방접종 이야기를 안 할 수가 없다. 누구나 팔뚝이나 허벅지에 어릴 적 맞은 예방접종 자국이 남아 있을 것이다. 이런 예방주사법의 과학적 기초를 다진 사람은 바로 콘스탄티노플 출신의 물리학자, 엠마누엘 티모니스^{Emmanuel Timonis}와 야코보스 필라리노스^{Jacovos Pylarinos}다. 이들은 예방주사에 대한 과학논문을 써서 1712년과 1715년, 런던의 영국 학술원에서 연구 결과를 발표했다.

예방접종은 에디르네(아드리아노플)와 테살리아 지역의 빈곤층과 소작농 계급에 널리 시행되었다. 항상 현지 교회에서 나온 그리스 정교의 여신도가 신의 가호를 빌어주고 예방접종을 시행했는데, 이들은 특별 제작한 촛불을 팔아 수익을 남기기도 했다. 예방접종에 대한 가장 오래된 기록은 16세기 케팔리니아섬으로 거슬러 올라간다. 예방접종으로 인한 면역성 획득에 대한 최초 기록은 투키디데스가 기원전 430년에 일어난 아테네 대역병에서 살아남은 사람들은 다시는 같은 병에 걸리지 않았다고 설명한 것이다.

위와 같이 역사에 공헌했지만 사람들의 뇌리에서 지워진 그리스 사람들을 다 쓴다면 책 몇 권 분량이 나올 것이다.

【 … 1821년 】

그리스는 1821년 3월 25일, 펠로폰네소스의 칼라브리타^{Kalavrita}에서 오스만제국에 독립 전쟁을 선포했다. 이 전국적 혁명으로 그리스는 현대 유럽사회의 일원이 되었다. 독립 전쟁에 대한

기억은 현지 아마추어 역사가들에게 아직도 많은 영감을 주고 있다.

그리스에는 자신의 연구 결과를 사비로 출판해 배포하려는 아마추어 역사가가 많다. 만약 그중 한 명을 만나 대화를 나눌 기회가 있다면, 하루

· 역사의 산증인 ·

당시 사회 격동의 축소판으로 파노스 파파도폴로스(Panos Papadopoulos, 1900~1992) 박사의 가족사를 살펴볼 수 있다. 박사의 조부모는 1821년 전쟁이 일어나자 참전해 목숨을 걸고 싸웠다. 그의 가족은 헬모스(Helmos) 산자락에 위치한 아크라타(Akrata) 마을 근처 출신이었는데, 바다의 요정 테티스가 아들 아킬레우스를 불멸의 전사로 만들기 위해 아들을 담갔던 신비로운 스틱스 강물이 흐르는 것으로 유명한 곳이다. 파노스 박사 가족이 모아놓은 기록과 발표한 연구 기록에 따르면 전쟁은 3월 14일에 발발했지만, 훗날 전쟁에 가담한 정치가의 주장을 반영해 날짜는 더 앞으로 당겨졌다. 파노스 박사는 그리스 종양학의 선구자로, 제2차 세계대전시 추축국에 항거해 전장에서 의사로 일했다.

정의와 인권에 대한 열정은 가족 이력이라, 파노스 박사의 딸 엘레니 팜보키(Eleni Pambouki)는 군사정권이 무너진 뒤 그리스 여성 인권의 선구자로 활동하며, 그리스 최초로 여성 서점을 열었다. 엘레니 팜보키의 딸 마리아는 올림피아(칼라브리타 건너편)에서 올림픽 성화를 점화하는 여사제가 되었다. 다른 가족들은 망명자나 개척자가 되었다.

저녁 시간을 내어 그들이 해석하는 지역 역사의 한 대목을 들어보는 것도 좋을 것이다. 그리스의 독립 전쟁은 그리스를 독립시켰을 뿐 아니라 오스만제국의 행로에도 지대한 영향을 미쳤다. 영국의 낭만파 시인 바이런 등 그리스의 독립을 지원하던 많은 이들이 그리스의 해방을 돕기 위해 전쟁에 참전했다. 오스만제국 해체의 첫 포문을 연 것은 그리스였지만, 오스만제국에서 가장 마지막으로 독립한 국가가 바로 터키 공화국이라는 사실은 놀랍기만 하다.

【 승리와 키메라, 독립의 후유증 】

그리스는 1829년, 마침내 독립해 자주 국가로 인정받았다. 어떤 측면에서 당시 그리스의 운명은 영국, 러시아, 프랑스 등 열

강의 손에 달려 있었다고 해도 과언이 아니었다. 당시 영국은 그리스가 새 국가를 건설할 수 있도록 막대한 차관을 제공했고(그리스는 20세기가 끝날 때까지 이자를 지불했다), 러시아는 그리스와 같은 동방정교를 신봉하는 국가였으며, 프랑

스는 영국과 러시아만큼은 아니었지만 그래도 그리스에 상당한 영향력을 행사하고 있었다.

열강들은 그리스가 다시 군주제를 채택하도록 압력을 넣었고, 초대 왕으로 바이에른의 군주 오토를 앉혔다. 하지만 그리스인은 미국의 독립을 본보기로 삼고 있었기 때문에 갈등이 생겨났다. 국민들은 초대 왕 오토를 1862년에 폐위시켰고 그 자리에 덴마크 왕자 게오르기오스 1세가 오른다. 게오르기오스 1세는 그리스에서 태어나 엘리자베스 2세의 부군이 된 필립공의 조부이기도 하다. 그리스의 군주제는 1975년에야 폐지되었다.

그리스 경제는 농업의 비중이 65%에 달했지만, 제1차 세계대전 전까지도 생산성 향상에 실패했다.

18세기 이후, 과거 그리스에 속했던 영토를 통일해 찬란했던 그리스의 영광을 되찾자는 목소리가 높아져갔다. 정치활동가이자 작가였던 테살리아 출신의 리가스 페레오스는 그리스어(상업과 지식층의 언어)를 매개로 발칸 공화국을 세우고, 모든 인종과 종교가 상호 존중하며 평화롭게 공존할 수 있는 세상을 만들자고 제안했다. 하지만 리가스는 1797년, 오스트리아 관리에 체포되어 터키 당국에 넘겨졌고 터키 당국은 재판 없이

리가스를 처형했다. 독립 후 리가스가 제창했던 이 계획은 메갈리 이데아$^{Megáli\ Idéa}$(위대한 이상)라는 이름으로 새롭게 포장되었고, 그리스는 그리스인 거주 지역을 중심으로 영토를 확장해 나가는 정책을 펼쳤다. 메갈리 이데아는 한동안 그리스 외교 정책에 지침이 되었다.

그리스는 발칸전쟁(1912~1913)으로 영토를 할양받은 후, 제1차 세계대전에서 승전한 연합군의 지원 아래 1921년, 터키인들이 '지아우르 이즈미르$^{Giaour\ Izmir}$'(불신자의 이즈미르, 이즈미르는 터키의 서부 항구 도시를 이름)라고 부르던 에게해 아나톨리아 반도의 이오니아 지방을 대부분 수복했다. 그리스는 조금만 더 가면 콘스탄티노플도 되찾을 수 있겠다는 희망을 가졌다. 당시 열강들도 콘스탄티노플을 수복해야 하지 않겠느냐고 부추겨 그리스는 이즈미르에 상륙했다. 하지만 곧 복수와 배신이 일어났다. 지원을 약속했던 연합군이 끝내 약속을 지키지 않았던 것이다. 당시 서구 열강은 이미 터키로부터 중동지역을 확보한 상태였기 때문에 그리스를 돕는 데 적극적으로 나설 필요가 없었다. 그리스 정부만 계속해서 터키를 압박했고, 병참선을 확장하며 콘스탄티노플을 수복하기 위해 가고 있던 가운데, 갑자기 분위기가 그리스에게 불리하게 돌아가기 시작했다. 결국 그리스군은 터키 땅에서 철수해야 했다.

이 충돌로 인해 코스모폴리탄이었던 이즈미르는 폐허가 되었고, 수많은 사람이 폐허가 된 도시에서 대거 살육되었거나 바다에 빠져 익사했다. 연합군의 함선은 근처 바다 위에서 이 모든 것을 지켜보면서도 개입하지 않았다. 3000년간 그리스인이 거주했고 그리스의 색깔이 진하게 남아 있었던 이 도시에서 그 흔적이 말끔히 지워지는 데는 단 며칠도 걸리지 않았다. 당시 망명한 사람들은 '땅이 검게 변하고 그대의 이름은 지워졌네'라는 가사가 담긴 노래를 불렀는데, 이 가사는 시적 표현이 아니라 완전히 사실이었다. 그때 이즈미르에서 그리스로 온 사람 중에는 그리스 선박 재벌 아리스토텔레스 오나시스와 훗날 영국의 유명 자동차 미니를 탄생시킨 알렉 이시고니스Alexander Issigonis도 있었다. 그리스인은 이를 '메갈리 카타스트로피Megali Katastrophi', 즉 처참한 재앙으로 기억하고 있다. 이 전쟁으로 오스만제국은 멸망하고 터키 공화국이 탄생했다.

전쟁 후 그리스와 터키는 조약을 체결하고 그리스에 거주하던 터키 사람은 터키로, 터키에 거주하던 그리스 사람은 그리스로 보내는 인구교환 협정을 맺었다. 당시 터키 아나톨리아에 거주하던 100만 명 이상의 그리스 정교 신도들이 그리스

로 추방당해, 그리스 인구가 20%나 늘었고 경제가 활성화되었다. 하지만 그럼에도 경제 상황은 여전히 열악해 어린아이 네명 중 한 명이 다섯 살이 되기도 전에 빈곤으로 목숨을 잃었고, 가족들은 여기저기 뿔뿔이 흩어져 살았다. 터키의 폰투스 (터키의 동북부)에서는 현지에 거주하던 그리스인 30여 만 명이 학살당했고, 아르메니아인의 경우, 그보다 더 많은 150만 명이 학살당했다. 그리스어에는 '불에 희생당한 제물 또는 대파괴' 라는 뜻의 '홀로코스트'가 제2차 세계대전 당시 자행된 끔찍한 대량 학살을 지칭하기 훨씬 전부터 존재했다. 1822년, 그리스의 키오스섬에서는 오스만 군대가 섬의 양민을 대량으로 학살하는 사건이 일어나 섬이 통째로 폐허가 되기도 했다. 뒤이어 1922년, 이즈미르에서도 마찬가지의 대량학살이 일어나 무고한 그리스인들이 희생되었다. 이미 벌어진 일은 어쩔 수 없다 해도, 이는 그리스인의 기억에 지울 수 없는 뼈아픈 기억으로 남아 있다.

【 제2차 세계대전 】

제2차 세계대전에서 한 가지 기억할 만한 사실은 그리스가 고립된 상태에서도 연합군으로 전쟁에 참전해 승리를 거두었다는 것이다. 당시 영국을 제외한 나머지 유럽 국가들은 추축국의 손아귀에 잡혀 있었거나 중립을 선언한 상태였다. 그런 상황에서 그리스는 당시 완전 항복하지 않으면 당장 공격하겠다는 이탈리아의 통첩을 받았다. 언뜻 보면 논리

적인 요구였다. 당시 그리스는 고립되어 있었고 그리스의 통치자이자 독재자였던 메탁삭스는 파시즘을 펼치고 있는데다(그래도 무솔리니의 파시즘처럼 노골적으로 인종을 차별하지는 않았다), 추축국은 걷잡을 수 없는 행보를 보이고 있었다.

하지만 그리스는 모두의 예상을 뛰어넘는 선택을 했다. 1940년 10월 28일, 이탈리아가 무조건적인 항복을 그리스에 요구하자, 메탁삭스는 'Oxi(오히, 싫다는 뜻)'라고 대답하며 이탈리아의 최후통첩을 단번에 거절했다. 그 즉시 무솔리니는 그리스를 침공했고 그리스군은 격렬히 저항했다. 수백 명의 여성이 경포를 들고 눈밭과 가파른 길을 걸으며 전쟁에 참여했다.

결국 이탈리아 군은 알바니아 국경까지 철수할 수밖에 없었고 그리스는 영토를 지켜냈다. 추축국을 상대로 거둔 첫 승리였다. 영국에게는 기분 좋은 뜻밖의 승전보였다.

1941년 봄, 히틀러는 독일군을 발칸반도에 투입하기로 결정했고 이로써 러시아 공격은 겨울 즈음으로 미루어졌다. 그리스는 독일의 공격을 막아내지 못하고 함락되었다. 하지만 곧 아테네에서 그리스 청년 글레조스Glezos(훗날 국회의원으로 당선)와 산토스Santos가 유럽 최초로 레지스탕스 운동을 일으켰다.

1942년 겨울에는 심각한 기근으로 그리스 내에서 30만 명이 아사했다. 그리스는 1940년대에 인구의 10%를 잃었는데, 이는 유럽에서도 가장 많은 수준이다. 독일군이 그들을 강제 노동 수용소에 보내려고 포위해오던 절망적인 시기에 그리스인들은 이 모든 것에 저항해, 그들의 선조가 터키인에 대항할 때 했던 것처럼 험준한 산이 솟은 시골로 옮겨가 저항운동을 펼쳤다. 그리스의 저항운동가, 즉 빨치산들은 저항운동을 통해 넓은 영토를 손에 넣었다.

【내전】

안타깝게도 1943년, 그리스에 내전이 일어날 조짐이 확연해졌다. 당시 독일에 저항하던 저항세력은 둘로 나뉘었는데, 그중 EAM-ELAS은 규모가 더 큰 세력으로 다양한 정치 신조가 공존했으나 공산당이 이끌고 있었고, EDES는 대부분 좌익 인사로 구성되어 있었다. 연합군의 승리가 거의 확실해지자, 이 둘은 서로 충돌하기 시작했다. 영국 그리고 뒤이어 미국은 비공식적인 빨치산 정부보다는 망명정부 세력을 지지했다. 1945년, 영국의 처칠과 미국의 루즈벨트, 소련의 스탈린은 얄타회담을 열어 전후 세계에 대한 논의를 갖고 각자의 이익에 따라 세계를 분할했다. 이에 따라 그리스는 서구 진영에 속하게 되었다.

1946~1949년까지 그리스 공산당이 주도한 좌익과 영국과 미국 정부의 비호 아래 활동한 정부 세력은 첨예하게 대립하며 내전을 벌였다. 이를 최초의 냉전이라고 할 수 있을 것이다. 또한 미국은 내전을 이유로 그리스 정치에 개입해, 그리스의 사회역학을 왜곡시켰다. 이로써 그리스 국민은 1989년 선거를 치르기까지 줄곧 양극화 경향을 보였다. 오늘날에도 일부 정치인은 과거 극렬히 나뉘었던 여론을 입에 올리지만, 여러 차례 선거를 치르며 과거의 망령은 거의 없어졌다고 할 수 있다.

【 1950~1974년, 어두운 터널 끝에 한 줄기 빛 】

내전이 종식된 후, 그리스는 1954년 NATO에 가입했다. 냉전의 영향으로 서구 세계의 좌파에 대한 피해망상이 극으로 치달은 시기였다. 극단적이고 무자비하게 대립했던 좌파와 우파의 갈등은 그리스도 예외는 아니었다. 소위 체제 전복적 인사와 반체제 인사들이 줄줄이 구속되었고, 미국은 끊임없이 그리스의 국정에 간섭했다. 우익 정부가 계속해서 정권을 잡았고, 군대는 그 자체가 법으로 정치 영향권 밖에 있었다.

1964년, 정치적으로 좌파부터 중도 좌파를 포섭했던 중도연맹이 선거에서 승리해 집권에 성공했지만, 곧이어 발생한 군부 쿠데타로 정권을 빼앗겼다. 이 쿠데타는 극심한 정치적 혼란을 가져왔다. 당시 국왕이자, 만능 스포츠맨으로 올림픽 금메달리스트이기도 했던 콘스탄티노스 2세는 잘못된 충고를 받아들여 역 쿠데타를 시도했지만 실패해 사회 혼란은 더욱 심각해졌다.

정치적 혼란이 계속되는 와중에도 그리스는 해운업을 중심으로 경제발전에 박차를 가했다. 경제적인 어려움으로 어쩔 수 없이 이민을 택했던 그리스인들이 본국의 가족에게 돈을 보내주면서 그리스의 재원은 더욱 두둑해졌다.

1967년, 군부 쿠데타가 일어나 그리스는 군부독재 아래에 놓였다. 1974년, 그리스 군부 정권은 미국 정부의 비호 아래, 키프로스 내 그리스계 키프로스인들이 키프로스의 대주교이자 대통령이었던 마카리오스 3세에 대항해 일으킨 우파 쿠데타를 지지했다. 곧 터키도 키프로스 내 소수 거주하는 터키계 키프로스인을 보호하겠다는 명분으로 사태에 개입했고, 섬의 3분의 1을 점령했다. 이 타격으로 아테네의 군사정권은 며칠이 지나지 않아 무너졌고, 그리스는 진정한 의미에서의 민주정권을 수립했다.

이후 국민투표로 그리스의 군주제는 폐지되었고, 그리스 왕족은 영국으로 망명해 2004년까지 영국에 머물렀다. 그리스 왕족은 그리스를 떠난 다음에도 기회가 닿는 한 조국의 이익을 위해 최선을 다했다. 1990년대, 미국 전 대통령 클린턴은 미국이 그리스 국정을 방해했던 것을 인정하고 사과했다.

【 유럽의 선구자 】

1981년, 그리스는 유럽공동체(현 EU)에 10번째 회원국으로 가입하면서 좀 더 부유한 국가로 변신을 꾀했다. 사실 당시 그리스는 유럽공동체의 경제적 가입 기준에 미치지 못했지만, 그리스 정치인 코스타스 카라만리스가 유럽 내 정치 인맥을 총동원하고, 아테네 당국은 유럽공동체에 가입함으로써 어렵게 회복한 민주주의를 계속해서 지켜나갈 수  있을 것이라고 주장하며 가입이 성사되었다. 제대로 통한 이 전략은 훗날 스페인, 포르투갈, 구 동유럽 국가들이 유럽공동체에 가입하는 데 좋은 명분이 되었다. 특히 구 동유럽 국가들은 자신을 지배했던 러시아에게서 안전을 보장받고, 국가의 안정성을 확보하기 위해 EU에 가입하길 원했다.

1981년부터 2004년까지, 그리스의 사회당PASOK은 2004년 선거에서 패배하기까지 줄곧 정권을 잡았다. 사회당은 그리스의 현대화를 추진했지만, 그리스 전 사회에 심각한 부정부패가 만연하게 만든 장본인이기도 하다. 특히 정부 기관을 상대로 한 계약에 개입해 많은 부정을 저

질렀다. 게다가 일반 공무원부터 국유기업에 이르기까지 대부분의 공직은 정치 관계와 개인적 인맥 등을 이유로 필요한 것보다 훨씬 많은 인원을 고용했고, 헌법으로 보장된 공무원의 종신 재직권을 유지하는 데도 상당한 비용을 소모하고 있다.

마지막으로 그리스는 역대 올림픽 개최국 중 가장 작은 국가라는 점을 기억할 필요가 있다. 그리스는 2004년, 가장 어려웠던 시기에 아테네에서 올림픽을 개최했다. 아테네 올림픽은 다른 올림픽보다 상대적으로 적은 비용이 들었지만, 가장 관중 친화적인 올림픽이라는 평가를 받았다.

【 유럽의 거울 】

2002년, 그리스는 그리스와는 경제적으로 완전히 다른 국가들로 구성되어 있던 유로존에 가입했다. 나라마다 경제가 보이는 특징이 다른 만큼 그 위험도도 다르다는 것은 엄연한 사실이지만, 국제 시장은 이를 무시하고 무모하게 그리스에 대출을 해주기 시작했다. 2008년 글로벌 경제위기가 유럽을 강타했을 때, 그리스는 국가부도 위기에 놓일 만큼 빚더미에 올라 있었다.

그리스의 위기가 전체 EU에 커다란 위험요소로 작용하자 독일과 EU 본부는 이 사태에 개입했다. 그리스의 재정정책에

강력한 영향력을 행사했고, 그리스 정부는 유럽중앙은행, 유럽
연합 집행위원회, IMF로 구성된 소위 '트로이카'가 요구한 조
치를 수용하는 데 동의했다. 유럽 기구는 그리스의 국가부도
위기에 대비된 상태가 아니었으므로, 사태의 전개에 따라 즉
흥적으로 계획을 수립하며 대처해나갔다.

트로이카는 그리스 정부에 내부 개혁과 대폭적 긴축정책을
조건으로 구제 금융을 지원하겠다고 제안했다. 하지만 그들이
제안한 긴축정책은 성급했고, 혼란이 뒤따랐다. EU가 그리스
의 국가부도 사태에 제대로 대처하지 못한 것은 훗날 영국의
EU 탈퇴, 즉 브렉시트에 강력한 논거로 활용되었다. 그리스에

부과된 가혹한 조치들로 그리스 내에서 EU 탈퇴 여론이 고개를 들자, EU 회원국들은 그리스의 EU 탈퇴를 막기 위해 강경했던 조치들을 다소 완화했다.

한편 그리스 당국은 개혁 조치에 소극적인 모습을 보였다. 공공부문 개혁이나 신규 사업체 수립에 방해가 되어왔던 관공서의 형식적 절차 제거, 상점들이 긴 시간 문을 닫는 관행 철폐, 세금 체계 간소화, 카르텔에 더 많은 세금 부과 등 절실한 개혁을 실시하는 대신 그리스 당국은 가혹할 만큼 높게 세율을 올려 세수에 의존하면서 국고를 탕진했다. 이 어지러운 상황에서 한 가지 확실한 것은 그리스는 EU 가입국의 지위와 유로라는 밧줄을 절대 놓지 않을 것이라는 점이다.

지난 2010년부터 2015년까지 그리스에서 일어난 민중시위와 정치적 혼란은 그리스를 근간부터 흔들었고, 정치는 극좌와 극우로 나뉘었다. 하지만 급진 좌익 정당 시리자가 집권 후 독립당과 연정을 구성하고, 분노에 찬 중산층들이 거리로 나와 극렬하게 시위를 했다. 그 후 그리스인들은 새로운 현실을 받아들이고 냉정을 되찾고 있다.

정부와 정치

그리스는 의회민주주의를 실시하고 있으며, 의회가 대통령을
선출한다. 총리와 정부가 집행권을 가지고 있다. 그리스의 현행
헌법은 1975년 투표를 통해 채택되었다. 의회는 국회의원 300
명으로 구성되는데, 그리스의 인구에 비해 의원수가 지나치게
많다(그리스의 인구 대비 의원수 비율을 따르면 영국은 의원이 현재 659명이
아닌 1,800명이 있어야 한다). 의원 중 다수는 국회의원 말고 다른
직책을 맡고 있다. 투표는 권리이자 헌법에 명시된 국민의 의

무다.

그리스 국민이면서 그리스에 5년 이상 거주한 자라면 누구나 대통령 선거에 출마할 수 있다. 그리스 공화국의 대통령은 정당 정치를 넘어서, 상징적인 역할을 맡는다. 즉, 대통령은 국제무대에서 그리스를 대표하지만, 의회 집결이나 해산, 전쟁 선포, 법령 발표 등은 할 수 없다.

그리스의 공무원은 책임의식이 매우 낮다. 이는 장관, 총리

• 뇌물보다도 효과적인 선물 •

어떻게 하면 뇌물을 주지 않고도 상대의 결정에 큰 영향을 줄 수 있을까? 올림픽 개최지 결정을 둘러싼 IOC 위원들의 뇌물 스캔들이 불거지자, 그리스의 올림픽 조직위원회 수장을 맡고 있던 지안나 안젤로풀로스(Gianna Angelopoulou)는 새로운 방법을 찾아냈다. 안젤로풀로스는 IOC 위원들을 아테네와 런던에 있는 자택으로 초대해, 모든 손님에게 멋진 봉투 하나씩을 선물로 주었다. 안에는 각자의 생일에 발간된 <뉴욕 타임즈>지가 들어 있었다. 한 번도 받아보지 못한, 잊을 수 없는 특별한 선물이었지만 분명 뇌물은 아니었다. 이후 그리스는 올림픽 개최지로 선정되었다.

등 직급이 높은 공무원도 마찬가지다. 이들은 잘못을 저지르고도 책임을 피하며, 때로는 합법적으로 그럴 수 있다.

【 인구 구조의 변화 】

이탈리아나 그리스 사람들은 어린아이를 좋아하고 많이 낳는다는 고정관념이 있다. 물론 아이를 좋아한다는 것은 사실이다. 하지만 이탈리아와 그리스 모두 출생률이 낮은 국가로, 출생률은 마이너스 성장을 기록하고 있다. 인구의 노령화도 진행되고 있어, 유권자의 평균 연령이 44세에 달할 정도다. 연금도 고갈되어, 65세 이상의 노인이 빈곤으로 어려움을 겪을 가능성도 커지고 있다. 개혁이 시급하지만, 개혁 시행은 차일피일 미루어지고 있는 실정이다. 2001년 후, '재정적 파산'을 막기 위해 여러 차례 연금 개혁안이 발표되었지만, 제대로 시행된 것은 하나도 없다.

그리스에게 EU 회원국이라는 입지는 여러 모로 유용했다. 진보적 정치인들은 EU 법안을 따라야 할 필요성을 강조했고, 현지의 반대를 피해갔다. 하지만 2009년 이후 경제 위기가 찾아오면서 그리스에서 EU 법안을 시행하는 것이 얼마나 불가능한 일인지, 그리고 경제 수치를 위조하려는 유혹은 얼마나

• 잘못된 전략 •

그리스가 유로존 탈퇴와 국가 부도의 위기에 놓이자, 당시 그리스의 재무장관이자 유럽의 유명 좌파 경제학자인 야니스 바루파키스는 강경 노선을 택하고, 자신이 원하는 것을 얻어내기 위해 전투적으로 EU 채권단과 협상했다. 하지만 이런 접근법은 역효과만 불러왔고, 2015년 유로존 협의체는 법을 어기면서까지 바루파키스를 주요 회의에서 배제했다. 그리스는 결국 이전보다 훨씬 가혹한 타협안을 받아들여야 했다.

큰지, 그 모든 것이 낱낱이 만천하에 드러났다. 2010년, 그리스는 재정 자주권의 많은 부분을, EU의 '트로이카'에게 넘겼고, 트로이카는 그리스에게 경제 지원을 약속하는 대신 내부 개혁을 요구했다.

【 이웃나라와의 복잡한 관계 】

그리스는 시장 확장을 계획하는 서구, 중국 회사에 꼭 필요한 전략적 위치로 평가받고 있다. 그리스에 진출한 회사들은 루마니아, 터키, 중동 등 그 어떤 문화와도 탁월한 능력으로 협상을 이끌어내는 그리스의 사업가나 기업가에게 도움을 받는다.

1990년대, 마케도니아가 구 유고슬라비아에서 독립을 선언하고 국명을 마케도니아로 결정하자, 그리스는 세계에는 마케도니아가 오직 하나만 그리스에 있다고 강력히 반발하며 마케도니아에 통상금지령을 내렸다. 하지만 그리스의 기업인들은 자신의 시장을 계속해서 유지할 묘안을 찾아내 막대한 손해를 피해갔다.

보스니아와 알바니아, 코소보 등 발칸반도에서 위기가 연달아 일어나자, 그리스 당국은 지역 내 유대관계를 더욱 단단히 해야 할 필요성을 깨달았다. 이에 그리스는 발칸반도의 여러 국가 군대로 구성되어 지역의 평화유지를 지원하는 평화유지군 창설에 일조했다. 그렇게 창설된 동남부 유럽 다국적 평화유지군MPFSEE은 1999년 9월, 불가리아의 플로브디프에서 활약했다. 알바니아, 불가리아, 그리스, 이탈리아, 구 유고슬라비아 마케도니아 공화국, 루마니아, 터키 군대로 구성된 이 평화유지군은 NATO와 UN도 지원하고 있다.

2004년 1월, 남부 유럽의 은행 체계 문제에 대해 건설적인 대화를 시작하고 정보를 교환하자는 목적 아래 발칸반도 모든 나라의 은행이 참여한 발칸 은행 포럼이 아테네에서 최초로 개최되었다.

그리스는 변덕스러운 중동과도 이웃하고 있다. 그리스는 팔레스타인의 권리를 지지하면서도 이제 막 전략적 파트너 관계를 수립한 이스라엘의 안보를 놓치지 않는 균형 잡힌 건설적 접근법을 취하고 있다. 국방비가 삭감되었음에도 그리스는 영국, 미국과 함께 NATO에 재정적·군사적 의무를 다하는 몇 안 되는 NATO 회원국 중 하나다.

【 발칸국가와의 관계 】

그리스는 소속 지역의 안정을 매우 중요하게 생각한다. 주변 이웃나라와 비교했을 때 고유의 민주적 가치를 전파하는 데 적극적으로 나서는 편이다. 오늘날 그리스는 지난 수백 년 동안 선조들이 정치·문화·경제 분야를 이끌며 선구적 역할을 했던 것을 재현하고 있다. 그리스의 기업가들은 지역 내 가장 중요한 투자자로 활동하고 있으며, 그리스 정부는 터키 등 이웃나라의 EU 가입을 가장 적극적으로 지지하고 있다.

최근 들어 난민과 불법 이민자에 대한 걱정이 자주 들려온다. 1990년대에는 매우 낙후되어 있었던 알바니아에서 온 난민이 많았는데, 그중에서도 알바니아 남부에서 억압 받았던 그리스계 소수민족이 전체의 20%를, 불가리아, 세르비아, 루마니아, 폴란드, 우크라이나 출신들이 그 나머지를 차지했다. 2010년대에는 보통 중동 등지 출신이 많다.

1990년대, 그리스에 정착한 이민자들은 그리스에서 다양한 기술과 무역을 배워 나라 경제에 일조했고, 일부는 새롭게 배운 것들을 조국에 전파했다. 이민자들의 자녀 세대는 그리스에서 무상 교육을 누리며 자라 대학교육까지 받았고, 인텔리 직장인이 되었다.

만약 그리스가 국가 규모 대비 수용한 이민자수를 영국에 적용한다면, 영국은 지난 10년 동안 약 600만 명의 이민자를 받아들여야 했을 것이다. 이는 생각할 수도 없는 불가능한 수치다. 하지만 그리스는 안전과 더 나은 삶을 찾아온 사람들을 받아준 역사가 긴 나라다. 그리스인 또한 마찬가지로 더 나은 삶을 찾아 전 세계 방방곡곡으로 흩어졌다.

그리스는 포용의 나라다. 비록 극우 정당이 사회적 불안을 이유로 내세워 이민자의 유입을 반대하고 있지만, 극우 정당의 지지율은 다른 정당에 크게 밑도는 수준인 단 6%에 머물러 별다른 영향력을 행사하지 못한다.

그리스는 구 유고슬라비아 마케도니아 공화국^FYROM과 이름을 둘러싸고 분쟁을 겪고 있다. 그리스 당국은 그리스 북쪽의 이웃나라, FYROM이 과거 그리스에 속했던 '마케도니아'와 구분될 수 있도록 마케도니아 뒤에 또 다른 명칭을 덧붙이길 원한다. 최근 역사와 FYROM 정치권에서 과거 영토를 회복하자는 주장이 나왔다는 것을 고려한다면, 그리스가 왜 이렇게 걱정하는지 그리고 왜 그런 실수를 하게 된 것인지 그 이유를 더욱 잘 이해할 수 있을 것이다.

이름 문제를 제외하고 그리스와 FYROM은 우호 관계를 유지하며 잘 지낸다. 그리스는 FYROM의 주요 투자자로서 코소보 전쟁이 일어났을 때나 그 이후 2001년, 현지인과 코소바르 알바니아인이 무력 반란을 일으켰을 때 슬라브 마케도니아인에게 인도적 지원을 아끼지 않았다.

【 위기와 기회가 공존하는 터키와의 관계 】

많은 사람들이 그리스와 터키(튀르키예)의 관계를 다 안다고 생각한다. 그리스인과 터키인, 항상 서로를 증오해온 앙숙 관계 아니던가? 하지만 사실 꼭 그렇지만은 않다. 오늘날 둘의 관계를 요약하자면, 터키가 다시 그리스를 침공할까봐 그리스인들이 공포에 떨고 있다고 간략히 요약할 수 있을 것이다. 터키인이 그리스인에게 자행했던 박해를 기억하는 이들이 아직 많이 생존해 있기 때문이다.

1953년, 터키는 터키의 임로즈섬과 보즈자다섬에 살던 그리스 거주민을 잔인하게 박해하고 괴롭혔다. 1955년 9월, 이스탄불에서는 그리스인 살육이 자행되어, 10만 명이던 그리스 정교 신도 인구가 3,000명으로 줄어드는 비극이 일어났다. 당시 많은 사람들이 입고 있던 옷만 걸친 채, 아무것도 챙기지 못하고 이스탄불을 떠나야 했다. 이 살육 규모는 1937년 독일에서 나치 대원들이 유대인을 무참히 학살했던 '수정의 밤(크리스탈나흐트)'과 비슷한 수준이었지만 국제사회는 끝내 이 사태를 주목하지 않았다.

당시 그리스인들은 지금 가치로 환산하면 수십억 달러에 이르는 기업과 주택, 자산, 부동산을 빼앗겼고 끝내 돌려받지 못했다. 사람들은 무참히 강간당하고 구타당했으며 살해당했다. 이런 야만적 사건이 미친 영향을 어찌 무시하고 그냥 넘어갈 수 있겠는가. 이후 1980년대, 터키 당국은 그리스의 일부 섬과 에게해 일부에 대한 영유권을 주장하고 나섰고, 아르메니아인 학살 사건은 그들의 봉기에 적절히 대처한 것일 뿐, 대량학살은 아니었다고 잘못을 끝내 인정하지 않고 있다. 이런 터키의 대량학살을 정치적 수단으로 인정하는 사람만이 그리스의 걱정은 그럴 가치가 없다고 일축할 수 있을 것이다.

하지만 터키의 평범한 국민에게까지 반감을 가질 필요는 없다. 사실 터키 국민을 지나치게 공격적인 민족주의 정권의 희생자라고 보는 시각이 많다. 1999년, 재앙 같은 지진이 그리스와 터키를 덮쳤을 때, 두 나라는 신속하고 관대하게, 무엇보다 자발적으로 서로를 도왔다. 하지만 그리스는 여전히 터키의 속내가 무엇인지 걱정하고 있다.

한편 그리스 당국과 언론은 터키라는 한 마디로 설명할 수 없는 복잡하고 강대한 군사 강국인 이웃나라를 잘 이해하지 못하고 있는 것 같은 모습을 보여왔다. 하지만 그리스는 최근 터키와 전략적으로 관계를 개선하고, 터키가 EU에 가입할 수 있도록 최대한 지원을 아끼지 않고 있다. 이런 분위기 아래 터키를 찾는 해외 여행객 중 그리스인은 그 수와 소비 규모 면에서 2, 3위를 다툴 정도로 많아졌다.

【 키프로스 공화국과 'TRNC' 】

그리스는 자국의 감정을 자극하는 민감한 섬, 키프로스에 많은 비용을 지출했다. 키프로스섬은 1875년까지, 300년 동안 오스만제국의 통치를 받다가, 1878년 영국령이 되어 영국의 지배를 받았다. 사실 제1차 세계대전 당시 영국은 그리스에 동맹국으로 참전해준 것에 대한 사의로 키프로스섬을 선물로 주겠다고 제안했지만, 말뿐인 약속이었다. 이후 1950년, 그리스계 키프로스인의 90%가 그리스와의 병합에 찬성하며 영국에 항거해 반란을 일으켰다. 키프로스 인구 중 수적으로 열세에 있던 터키인들은 그리스와의 병합을 당연히 반대했고, 영국 정부는 터키인 편을 들어 '분리 통치'를 택했다. 이후 1960년, 키프로스는 정식으로 영국에서 독립했다.

1974년, 키프로스의 그리스인들은 그리스 군사정권의 지지를 등에 업고 쿠데타를 일으켰다. 이 쿠데타의 목적은 키프로스 내 터키인을 몰아내는 것이 아닌, 키프로스의 민주정부를 전복하는 데 있었다. 곧 이 문제와 관련해 UN과 협상 중이었던 터키 정부가 해군을 파견해 키프로스를 침공하며 사태에 개입했다. 현재 터키는 키프로스섬의 37%를 점유하고 있으며, 이 지역을 북키프로스 터키 공화국, 즉 TRNC라고 한다. 이 사태로 그리스계 키프로스인 20만여 명이 망명했고, 1,600여 명은 '실종'되었다. 한편 터키인 10만 명이 터키에서 이주해 북키프로스에 정착했다.

1990년대 그리스 정부는 키프로스 사태를 해결하기 위해 국제 협상에 많은 시간과 공을 들였다. 1900년대 초반부터 1990년대까지, 그리스가 이렇게 노력한 것은 그리스 정교와 그리스 공동체가 가진 힘이 약하다는 우려가 만연해 있었기 때문이었다. 그리스는 구소련의 일부였던 카자흐스탄과 카프카스를 비롯해 전 세계에 흩어져 있는 수많은 그리스인의 권리를 수호하기 위해 노력했지만, 그리스의 경제는 더욱 힘들어졌다.

2004년 5월, 키프로스 공화국은 EU에 정식 가입했다. 키프로스는 여전히 분단 상태로, 북쪽에 터키군 3만 5천 명이 주둔하고 있다. 하지만 남키프로스와 북키프로스 주민들은 서로 왕래할 수 있으며 키프로스 공화국 내 터키인에 대한 정부의 불신과 의심도 예전에 비하면 많이 옅어졌다. EU에 가입한 후 키프로스 주민들은 국제적으로 통용되는 키프로스 EU 여권을 가질 수 있게 되었고, EU 공식 언어 중 하나로 터키어를 등록시키기 위해 노력하고 있다.

【 그리스의 권력 공백 】

2010~2015년까지의 경제위기로 그리스는 군대를 감축해야 했

다. 전략적으로 중요한 동시에 엄청난 지하자원이 매장되어 있는 해양영토에서도 군사력을 감축해야만 했다. 이로써 해당 지역에서 그리스의 권력이 사라지고 공백이 나타났다. 고대 그리스의 파르메니데스나 플라톤, 아리스토텔레스는 자연은 공백을 혐오하고 그 공백을 스스로 채운다고 말한 바 있다. 그들의 말이 옳았다. 그리스가 강력한 권력을 행사하지 못하자, 터키나 러시아 같은 국가들이 관심을 보이기 시작했고, 이스라엘 같은 새 경쟁자도 뛰어들었다. 이 같은 상황에서 그리스 당국은 울며 겨자 먹기로 자국 영토에 동맹국의 군대 주둔을 허용했다. 현재 그리스는 자신이 잠시 영향력을 행사하지 못하는 틈을 타, 에게해와 지중해에서 벌어지는 이익다툼을 어쩔 수 없이 바라만 보고 있다.

02

가치관과
사고방식

그리스인에게 가족만큼 중요한 것은 없다. 그리스의 모든 가족은 각자의 법을 가지고 있는 국가 안의 소국가다. 전통적으로 정치가 집안을 '자키아'라고 하는데, 이는 난로, 또는 따뜻한 곳이라는 뜻으로, 명망 있는 가문의 집을 가리킨다. 그리스인이라면 누구나 친척들의 대화에 소재로 등장하고, 조부모에게 무한한 사랑을 받으며, 집안일이 있을 때는 두 손을 걷어붙이고 참여한다.

헬레니즘과 로미오시니

통찰력 있는 눈으로 그리스 정신의 깊은 곳까지 꿰뚫어보려면, 먼저 로미오스^{Romiós}와 로미오시니^{Romiosýni}라는 단어가 무엇을 뜻하는지 알아봐야 한다. 그리스 친구가 있다면 이 단어가 그들에게 무엇을 의미하는지 물어보도록 하자. 이 단어들은 향수를 비롯한 다양한 감정들이 복잡하게 얽혀 있는 세계로 우리를 안내한다.

먼저 '로미오스'라는 단어는 대부분 그리스어를 구사했던 동로마제국의 시민을 뜻한다. 5세기 고대 로마제국이 멸망한 뒤, 그리스 정교를 신봉한 비잔티움 황제들은 수도 콘스탄티노플에서 '로마의 왕'을 자처하며 왕위에 올랐다. 곧 '로미오스'는 아테네가 아닌 콘스탄티노플을 기준으로 판단하고 평가하는 왕족을 의미했다.

이후 오스만제국이 비잔티움을 정복하면서, '로미오스'는 의미가 바뀐다. 오스만인들은 계속해서 그리스인을 '로미오스'라고 불렀다. 터키어로는 '룸^{Rum}'이라고 하는데 오늘날까지도 터키인들은 그리스인을 룸이라고 부른다. 곧 '로미오스'는 육신은 무슬림 술탄의 지배를 받지만 정신적으로는 콘스탄티노플의 총대주교를 지도자로 삼고 있는 언어적·종교적 '계급(터키어로는 milliyet)'을 가리키는 것으로 의미가 전환되었다. 오늘날에도 콘스탄티노플 대주교는 대주교좌를 이스탄불에 두고 있으며, 그 공식명칭은 '새로운 로마인 콘스탄티노폴리스의 대주교이자 세계총대주교'다.

1821년, 그리스에서 독립전쟁이 일어나자, 이 단어들은 세 번째이자 마지막 의미 전환을 겪는다. 그리스가 아테네를 수도로 정한 뒤, 일부 그리스인들은 '로미오시니'를 가난과 굴종(로마인과 터키인에 대한), 유행가와 반란과 결부시키기 시작했다. 어떤 사람들에게 '로미오시니'는 좋을 때와 나쁠 때를 그 특유의 재기로 견뎌온, 진정한 그리스의 영혼이다. 그래서 그리스 문화에는 '로미오스' 또는 '로미오시니'에서 영감을 받은 뛰어난 노래와 시가 많다.

하지만 지난 30년 동안, 그리스인들은 점점 이 단어들을 잊어갔다. 그리스가 EU에 가입한 것도 이에 일조했을 것이다. 그리스인들은 그리스가 점점 서구화되어가며 순수함을 잃고 있다는 것을 강조하기 위해 '로미오시니'를 사용하고 있지만, 예전만큼 중요하게 쓰지는 않고 있다. 하지만 한 단어 안에 이처럼 많은 뜻이 복합적으로 들어 있는 경우는 흔치 않다.

가족 우선주의

그리스인에게 가족만큼 중요한 것은 없다. 그리스의 모든 가족은 각자의 법을 가지고 있는 국가 안의 소국가다. 전통적으로 정치가 집안을 '자키아^{tzakia}'라고 하는데, 이는 난로, 또는 따뜻한 곳이라는 뜻으로, 명망 있는 가문의 집을 가리킨다. 호메로스의 작품 속에서 인간이 세상에 태어나 감당하는 가장 중요한 도덕적 의무가 바로 가족이다.

세상에서 가장 별 볼일 없는 사람이라 할지라도, 가족에게만큼은 중요한 사람이다. 그리스인이라면 누구나 친척들의 대화에 소재로 등장하고, 조부모에게 무한한 사랑을 받으며, 집안일이 있을 때는 두 손을 걷어붙이고 참여한다.

영어에서 가족을 뜻하는 단어 '패밀리'는 아버지, 어머니, 자녀로 구성된 핵가족을 뜻한다. 이 핵가족에서 성장한 자녀는 성인이 되면 집을 떠나 독립적으로 생활한다. 자녀가 떠난 뒤 부모와 자녀 사이에 남는 것이라고는 종종 예의를 차려 서로를 방문하는 게 다인 가족도 많다. 하지만 그리스에서 가족은 전혀 다른 의미다. 이를 보여주는 좋은 예로 한 그리스 남자의 파혼담을 들 수 있을 것이다. 이 그리스 남자는 영국 여인과 사랑에 빠져 약혼을 했는데, 어느 날 작은 아버지가 돌아가셨다는 비보를 접했다. 그 남자는 약혼녀에게 장례식에 참여하기 위해 그리스에 가야 하고, 44일 후에 추도를 위해 다시 그리스에 가야 한다고 말했지만 영국인 약혼녀는 작은 아버지가 돌아가신 게 뭐 그리 중요한 일인지 이해할 수 없었다. 결국 둘은 파혼을 하고 말았다.

통계에 따르면 그리스인의 72%는 자녀와 부모, 친척과 함께 같은 집에서 살길 원한다고 한다. 그리스에서는 대가족이 아파트 같은 동에 옹기종기 모여 사는 경우도 종종 볼 수 있다. 그리스 부모들은 자식에게 집을 마련해주기 위해 최선을 다하고, 많은 경우 옆집을 자녀에게 사주기 때문이다. 영화 〈나의 그리스식 웨딩〉에서 여주인공 아버지가 통 크게 집을 사주는 결말은 세태를 정확하게 묘사했다고 할 수 있다.

이제 할 이야기는 조금 충격으로 느껴질지도 모르겠다. 해외(보통은 영국)에서 유학 중인 그리스 학생들은 종종 어머니가 만든 음식이 가득 담긴 소포를 받는다. 시험 기간이 다가오면 그리스에서 어머니가 직접 유학 중인 자녀의 집에 와서 요리 등 필요한 모든 일을 대신 해주고, 시험 이외의 다른 것에 신경 쓰지 않을 수 있도록 해준다. 보통 어머니들은 그 과정에서

· 위대한 그리스의 어머니들 ·

그리스인들에게 해외 유학은 오랜 전통이다. 전통적으로 그리스 청년들은 해외에 나가 새로운 학문을 배우고, 그리스와 밖의 세상을 연결하는 가교 역할을 해왔다. 자식의 유학 덕분에 그리스 어머니들의 관찰력도 한층 향상되었다. 재미있는 일화가 있다. 한 그리스 청년이 이성 룸메이트와 함께 집을 빌려 살고 있었다. 어머니가 방문하자, 어머니에게 자신과 룸메이트는 아무 관계가 아니라고 설명하고 또 설명했다. 어머니는 알았다고 대답했다. 어머니가 집으로 돌아간 뒤, 룸메이트는 자신의 은 접시가 없어졌다고 투덜댔다. 청년은 곧장 어머니께 문자 메시지를 보냈다. "엄마, 엄마가 그 은 접시를 가져가셨다는 게 아니고요. 아니, 안 가져가셨다고 말하는 것도 아니지만, 엄마가 가시기 한 시간 전만 해도 분명히 그 접시가 선반 위에 있었거든요." 곧 어머니에게서 답장이 도착했다. "아들아, 네가 그 여자애랑 자고 있다고 말하는 건 아니지만, 아니 자고 있지 않다고 말하는 것도 아니지만, 그 여자애가 자기 침대에서 잤다면 이불 아래서 그 접시를 바로 발견했을 텐데 이상하구나."

또 다른 이야기도 있다. 한 그리스 청년이 약혼을 했다. 아들의 약혼녀를 보기 위해 어머니가 그리스에서 오시자, 아들은 작은 파티를 마련했다. 약혼녀를 어머니에게 소개해드리려고 하는데, 어머니는 걱정 말라며 자신이 직접 찾아보겠다고 했다. 5분 뒤 어머니가 돌아와 한 여자를 콕 집어 가리켰다. "어떻게 아셨어요?" 놀란 아들이 묻자 어머니가 고개를 저으며 대답했다. "딱 쟤가 싫더구나."

자녀가 어울리는 주위 사람들도 빠삭하게 파악한다. 그리스가 복지국가로 성숙하지 못한 이유 중 하나도 이렇게 끈끈한 가족 간의 유대관계 때문이다.

모든 가족들은 싸우기 마련이고, 때로 서로를 견딜 수 없어 한다. 특히 한 집에서 살고 있는 경우에는 더욱 그렇다. 그리스에서 자식은 부모에게 자기 생각을 단호하게 주장하지 못하고(자식이 중년이라도 마찬가지다), 부모는 자녀에게라면 선을 지키는 법이 없다. 무슨 선이 필요하다는 말인가? 그리스인에게 그런 건 자녀를 사랑하지 않는다는 뜻일 뿐이다. 그리스에서는 모두가 개인 공간을 원하지만, 그러다가도 결국엔 가족이라는 둥지로 돌아온다. 이유가 무엇이겠는가? 가족밖에는 아무것도 없기 때문이다.

혹자는 비정상이라고 말할지도 모르겠다. 하지만 그리스에서는 이런 비정상적인 가족이 정상적으로 돌아가며 사회적 역할을 다하고 있다. 아주 최근까지도 그리스에는 변호사는 넘쳐나지만, 상담해주는 심리학자는 거의 없다.

그리스를 여행할 당신에게 해줄 수 있는 최고의 충고는 사람들에게 누군가에 대한 지나친 험담은 삼가라는 것이다. 당신이 험담하는 그 사람이 상대의 육촌일 수도 있다! 안타깝게도 오늘날 아테네에서는 이런 끈끈한 가족관계가 조금씩 느슨해지고 있지만, 그렇다 해도 서구의 대가족 해체에 비할 바는 아니다.

위계질서

그리스에는 계급이란 것이 없다. 1950~1970년대 그리스 영화를 보면 가난한 청년이나 아가씨가 부자를 만나 사랑에 빠지는 이야기가 많았는데, 영화 속에서 주인공들은 사랑으로 모든 것을 극복하고 부모도 축복해주는 행복한 결말을 맞는다. 그리스에서는 아버지가 가장으로서 가정을 이끌고, 할머니와 어머니가 그 위에서 집안 대소사를 꽉 잡고 있는 것이 법칙처럼 통용된다.

직장에서도 위계질서가 흐릿한 경우가 많다. 특히 작은 상점이든 수천만 달러 규모의 선박 회사든 가족이 경영하는 기업은 더욱 그렇다. 회사의 최고 책임자인 작은 아버지나 친척이 신입사원을 하나 데려온다면, 이제부터 보고는 그 신입의 책임이 될 것이고 당신은 그 신입 아래에서 일하게 될 것이다.

그리스인들은 아무리 작은 조직이나 기업이라도 대표를 아주 중요하게 생각한다. 회사 대표는 키리에^{Kýrie} 혹은 키리아 프뢰드레^{Kyría Próedre}라고 부르며, 회사 밖에서도 늘 그 직함으로 불린다. 장관을 역임했다 물러난 사람들도 죽을 때까지 장관으로 불린다. 의사는 이아트레이^{Iatreý}로, 교사나 교수(특히 남성)는 키리에 카시지테^{Kýrie Kathigité}라고 부른다.

인간관계

그리스에서 국가는 개인이고 거꾸로 개인도 국가다. 그리스에서 도움이 될 네트워크를 구축하고 싶다면, 사람을 만나고 대인관계를 맺어라. 좋아하는 사람뿐 아니라 필요한 사람과도 꾸준히 연락하라. 그리스에서의 인맥은 일상생활에서 필요한 일들을 처리하는 데 도움이 된다. 말도 안 되게 번거로운 사무절차를 거쳐야 할 때나 아주 오랜 시간이 걸리는 사소한 일들을 처리할 때 지인을 통하면 신속하고 간단하게 일을 처리할 수 있다. 그리스에서 인간관계는 만나^{manna}(이스라엘 민족이 광야에서 방황했을 때 하나님이 내려주셨다고 하는 양식)이자 일상의 윤활유다. 그

· 그리스 속담 ·

"함께 살아라. 그러지 않는다면 헤어져 목매달아 죽어라."

"숙인 고개는 벨 수가 없다."

"체리가 가득 열렸다는 이야기를 들었다면 자그마한 바구니를 가져가라."

(과장된 말을 믿지 말라는 뜻)

"수중의 다섯이 수풀 안의 열보다 낫다."

"누군가에게 부탁을 빨리 들어주었다면, 그것은 두 번 들어준 것이나 마찬가지다."

"장님의 세계에서는 애꾸눈이 왕이다."

"적에게서 온 선물은 피해의 다른 말이다."

"모두 소금과 콩이다."(잘 알지도 못하는 것에 대해 아는 척 하는 사람에게 하는 말. 과거 예언자들이 미래를 예언하기 전에 소금과 콩을 던졌던 데서 온 말이다.)

"미친 친구보다 현명한 적을 가까이하는 것이 낫다."

"미치광이가 우물에 돌을 던지면 현명한 사람 백 명이 모여도 돌을 다시 꺼내지 못한다."

"남의 헛간에서 싸우는 두 마리 당나귀 같다."

"뱀 굴에서 뱀을 꺼낼 때는 미치광이처럼 덤빌 것이 아니라 조심해야 한다."

"문 하나가 닫히면 다른 문이 열린다."

"다리는 담요 밖으로 삐져 나가지 않는 선 안에서 뻗는 것이다."

리스인들은 이 인간관계 때문에 종종 격분하기도 한다.

그리스식 관대함

그리스어로 관대함은 제네오도리아^{geneodoría}라고 한다. 글자 그
래도 해석하면 '용감하게 선물을 준다'는 뜻이다. 당연하게도
그리스식 관대함은 경제적으로 어려울 때 시험대에 오른다. 그
리스인들이 무엇을 계기로 그 유명한 그리스식 관대함을 베푸
는지 확실하게 파악된 패턴은 없다. 보통은 예상치 못한 순간,
순식간에 후한 대접을 하는 경우가 대부분이다. 오렌지를 두
어 개 사려고 과일가게에 갔는데 가게 주인이 갑자기 돈을 받
지 않고 선물로 오렌지를 주거나, 동네 카페에 앉아 있는데 시
장에 가던 집주인이 갑자기 들어와 내가 마신 커피 값을 계산
해주는 것이 바로 그리스식 관대함이다. 누군가의 집에 잠깐
들렀는데 마침 식사시간이라며 들어와 함께 식사하자고 하면
서, 식탁에 접시 하나를 더 놓고 음식을 수북이 담아주고 유
리잔에는 음료수를 가득 따라준 뒤, '카로소리세스^{kalósórises}', 즉
'우리 집에 오신 것을 환영한다'고 말해주는 것이 바로 그리스

식 관대함이다.

무언가를 보답으로 얻길 바라는 마음에 이렇게 후하게 상대를 대접하는 사람은 없다. 그러니 그냥 상황의 흐름에 따라 상대의 호의를 받고, 받은 만큼 주위에 베푸는 것이 가장 좋다.

외국인을 대하는 태도

그리스어로 세노스^xénos에는 외국인과 손님이라는 두 가지 뜻이 있다. 서구는 이 단어를 제노포브^xenophobe, 즉 낯선 사람이나 외국인에 대한 공포로만 받아들였다. 필로제니아^philoxenía라는 그리스어도 있다. 보통 '환대'로 번역하지만 원래 의미를 다 살려 설명한다면 '이방인 혹은 외국인 친구' 정도가 된다.

세노마니아^xenomanía라는 단어도 있다. 이는 외국의 것(보통은 서양)이라면 무조건 과도하게 관심을 보이고 좋아한다는 뜻이다. 만약 그리스에서 부유한 사람이 멋진 집에 당신을 초대했다면, 그것은 당신이라는 사람을 좋아한다는 진심어린 표현이라기보다는, 강박에 가까운 외국인에 대한 호기심과 호의를 해소하려는 시도에 가까울 가능성이 높다. 1936년, 풍자가 가득한 가사로 큰 인기를 끌었던 코피니오티스^{Kofiniotis}의 노래 '세노마니아'는 당시 영어 단어가 유행하고, 고유의 그리스 억양이 바뀐 현실을 풍자해 이렇게 노래했다. "사람들의 태도가 바뀌었어. 이제 우리는 유럽이야.$^{állaxan\ oi\ trópoi,\ gíname\ Európi}$"

대체로 그리스 사람들은 지중해와 라틴아메리카에서 온 외국인에게 더 친근감을 느낀다. 이탈리아 사람, 스페인 사람, 심지어 프랑스 사람까지 여기 속한다. 미국인은 여전히 신세계의 희망으로 여겨진다. 어쨌든 전반적으로 그리스에는 외국인은 그리스인과 다르며, 외국인을 있는 그대로 받아들여야 한다는 사회적 분위기가 조성되어 있다. 그리스인들은 다양한 사람에게 맞추는 데 아주 탁월한 능력이 있다.

베닛세스나 팔리라키 같은 리조트에는 해마다 휴가철이면 북쪽의 유럽(그중에서도 영국이 제일 많다)에서 온 술 취한 무리들로 가득 찬다. 그들은 런던 트라팔가 광장의 비둘기처럼 리조트를 엉망진창을 만들어놓지만 현지인들은 매년 되풀이되는 이 침입에 놀라울 정도로 인내심을 발휘한다. 그들은 자기 나라로 휴가를 온 이 사람들이 감정적으로 매우 억압되어 있으며, 일 년에 한 번쯤은 그들도 미친 척 억눌린 감정을 폭발시켜야하지 않겠느냐고 생각한다. 아리스토텔레스가 말한 것 같은 카타르시스를 느껴야 한다고 말이다.

1940년대까지, 그리스인들은 서양인을 '프란고이^{Frángoi}'라고 불렀다. 이 단어는 아마도 13세기 십자군 원정에서 온 것으로, 프랑크족을 의미한다. 태국어에도 같은 단어가 있다. 파르항 ^{farhang}이 그것인데, 이는 17세기 케팔리니아섬 출신의 갑판원으로 태국으로 가 시암 국왕 아래 수상까지 맡았던 콘스탄틴 풀콘$^{Constantine\ Phaulkon}$이 들여온 것이다. 그리스에 오랜 기간 머문다면 풀콘처럼 그리스인과 비슷하면서도 다르게, 그리스에 점점 동화되는 것을 느낄 수 있을 것이다.

음모론의 나라

그리스는 격렬한 논쟁과 밑도 끝도 없는 음모론이 가득한 나라다. 아무리 사실에 기반한 타당한 분석을 내밀어도, 그리스 사람들은 잠시 생각하고 동의하는 척한 다음, 몇 가지 질문으로 포문을 연 뒤 곧 본격적으로 질문을 쏟아내고 당신의 말에 반박하는 이론을 만들어낼 것이다.

보통 음모론은 권력층을 대상으로 한다. 그리스인들은 수천 년 전에는 고대 로마제국을 대상으로, 수백 년 전에는 '프랑크족'을, 수십 년 전에는 믿을 수 없는 대영제국을, 수 년 전에는 미국과 미국의 정책을 주인공으로 음모론을 썼다. 그리고 오늘날에는 유럽의 초강대국 독일과 EU의 고위직을 악당으로 상정하고 음모론을 만들어내고 있다. 아마 앞으로는 중국에 대한 음모론이 등장할 것이다. 한때 음모론의 주인공이었던 구세력들은 '매도당하는 것보다 매도당하지 않는 것이 더 최악이다'라는 오스카 와일드의 명언을 곱씹으며 그리스의 음모론을 내심 기대하고 있을지 모른다.

그리스인들의 음모론은 '저들은 강하고 우리는 그들의 힘에 노출되어 있다. 그런데 우리가 왜 저들을 믿어야 한다는 말인가?'라는 논리를 바탕으로 한다. 그리스인들은 정책의 배후에 누가 있는지 이론을 논리정연하게 전개하는 데 탁월한 능력을 보유하고 있다. 특히 '그의 꿍꿍이는 무엇인가$^{pou\ to\ páei}$?'를 파헤치는 것을 전공으로 한다.

종종 그럴듯하게 들리는 음모론도 있지만, 안타까운 것은 음모론을 더 깊이 파헤치고 연구하려는 사람은 거의 없다는 것이다. 그저 추측만으로 이야기를 이어나가며 비난만 하는 경우가 대부분이다. 언론매체는 이런 음모론을 전달하고 퍼트

· 그리스의 정치학 ·

권력자에 대한 21세기 그리스 혹은 인간의 의심을 제대로 이해하기 위해서는 투키디데스의 『펠로폰네소스 전쟁사』에 수록된 「밀로스 대화편」을 읽어야 한다. 이 대화편에 등장하는 아테네는 초강대국으로, 밀로스는 침략이나 정복당한 약소국으로 해석하면 될 것이다.

기원전 430년, 아테네는 스파르타와 전쟁을 벌이며 영토 확장에 한창이었다. 그러던 중 당시 중립을 지키고 있던 섬, 밀로스를 점령하기 위해 함대를 파견한다. 아테네는 약소국 밀로스를 단번에 점령할 군사력을 가지고 있음에도 자국의 민주주의에 큰 자부심이 있었기에 밀로스에게 협상을 통해 양국관계를 정리하자고 제안한다. 밀로스인은 이미 아테네가 밀로스를 침략한 상황에서 자신들은 어떻게 해도 불리한 입장이라고 말한다. "우리의 주장이 옳다는 것이 증명되면 당신들은 전쟁을 일으킬 것이고, 당신들이 옳다는 것이 밝혀지면 우리는 아테네의 노예가 될 것이오.(아테네는 우리를 철저히 착취할 것이오.)"

이에 아테네인들은 밀로스의 의심이 과하다고 화를 내며 이렇게 반론한다. "약소국은 항상 그런 논리를 펴지. 하지만 정의란 동등한 힘을 가진 국가 사이에나 존재하는 것이오. 이번 경우, 아테네는 초강대국이고 밀로스는 약소국이므로 그런 정의는 있을 수 없소." 밀로스인들은 아테네가 대화를 통해 밀로스를 점령하겠다는 계획을 세운 것은 혹시 밀로스와의 전쟁에서 패하게 되는 경우 이와 비슷한 협상으로 사태를 수습하기 위한 전략에 지나지 않는다며 반박

한다. 아테네인들은 아테네는 절대 전쟁에서 패하지 않을 것이며, 그렇기에 사실상 전쟁은 아테네에 절대적으로 유리하다고 말한다. 또한 밀로스가 항복한다면 밀로스인은 재앙을 피할 수 있고, 아테네는 밀로스인들을 죽이지 않고도 이익을 취할 수 있을 것이라고 주장한다.

밀로스인들은 자신들이 계속 중립으로 남아 있을 수는 없느냐고 호소하지만 아테네는 단호하게 '그럴 수 없다'고 대답한다. 밀로스와 같은 약소국과 우호관계를 맺는다면 다른 나라들이 이를 아테네가 약해졌다는 신호로 받아들일 수 있다는 것이다. 하지만 밀로스가 아테네를 증오한다면 이는 아테네가 강국임을 보여주는 것이라고도 주장한다.

그래서 결과는? 밀로스는 아테네와의 전쟁에서 대패했고, 아테네는 이후 스파르타 전쟁에서 패배했다.

리는 데 일등공신이다. 더욱이 소셜미디어가 등장한 뒤, 음모론은 이전과는 비교할 수 없을 정도로 전 세계 곳곳으로 퍼져나가고 있다. 심지어 익명의 블로거들조차 기괴한 시나리오로 정부를 당혹스럽게 만들고 있다.

개인적인 차원의 음모론도 있다. 기자나 분석가, 학자의 경우 특별히 뛰어난 능력을 보이면, 혹시 비밀 첩보기관에 소속

된 첩자가 아니냐는 음모론이 일어난다. 첩자가 아니고서야 어떻게 저렇게 잘 알 수 있겠느냐고 말이다.

이렇듯 각종 음모론이 판을 치는 아테네에서 일했던 한 미국의 외교관은 그리스에서 다음에 등장할 최대 음모론이 무엇인지 맞추어보겠다고 내기를 제안하기도 했다. 그리스에 있다 보면 테살로니키와 라리사, 파트라이의 카페에서 커피를 마시는 노동자들이 본국의 정치학과 학생들보다도 세계정세에 대해 더 많이 알고 있다고 느끼게 될 것이다.

볼레메노스와 빈부

피레에프스로 나를 태워다준 아테네의 한 택시기사는 내게 진정 부러운 사람은 바로 '볼레메노스voleménos'라고 말했다. '볼레메노스'에 딱 맞는 단어가 없기에 풀어 설명하자면, 이는 특별한 능력이 없는데도 정당이나 가족관계, 대인관계를 통해 쉽게 취업해, 매월 안정적인 월급을 받고 이르면 55세부터 연금을 받도록 보장된 사람을 이른다. 볼레메노스는 번듯한 아파트 한 채에 일본 브랜드의 차량을 소유하고, 매년 휴가철이 돌아오면 가족(기혼의 경우)이나 친구(미혼의 경우)들과 휴가를 떠난다. 그 어떤 걱정 근심도 없이 자신의 인생을 즐기는 사람들이다.

부유층과 빈곤층이 섞이지 않는 뭇 나라들과는 달리 그리스에서는 부자와 가난한 사람들이 아직도 섞여 산다. 하지만 가진 것이 많이 없어도 잘 살던 그리스인들의 능력이 시험대에 오르면서, 부유층과 빈곤층 간의 갈등도 점점 커지고 있다.

그리스인에게는 가난해도 아랑곳하지 않을 수 있는 특별한 비밀이라도 있는 것일까? 그리스 현대문학의 영웅, 조르바는 가진 것이라고는 한 푼도 없는 빈털터리지만, 삶에 대한 태도만큼은 부유한 사람이다. 미국의 소설가 헨리 밀러는 '그리스인들은 넝마를 걸치고도 왕처럼 다닌다'고 낭만적으로 그리스인을 묘사하기도 했다.

그리스인들은 1970년대까지는 10을 벌면 11을 쓰면서 수입과 지출의 균형을 맞추며 살았지만, 1980년 이후부터는 체계가 10을 벌면 20을 쓰도록 부추김으로써 줄곧 과소비를 했다. 결과는? 많은 가정이 경제적으로 어려움을 겪었고 그리스를 떠나 다른 나라로 이민을 갔다.

그리스식 애국주의

농담을 좋아하는 나라 그리스지만,
그리스에서 그리스 국기나 국가에
대해 농담하는 사람은 만나기 힘들다. 그에 관한 풍자는 단지
소셜미디어에만 넘쳐날 뿐이다. 그리스에 간다면 자기 지역에
강한 자부심을 가진 사람들을 만날 것이다. 사람들은 저마다
세계 최고의 페타 치즈를 만드는 마을에서 왔다거나, 세계 최
고의 오렌지를 생산하는 지역에서 왔다거나 하며 자부심을 드
러낼 것이다. 영어를 쓰는 나라에서 왔다면, 당신들이 나무에
서 살 때 우리는 벌써 파르테논 신전을 짓고 있었다는 이야기
도 들을 것이다. 같은 맥락에서 그리스에 대한 가장 쓴 소리는
그리스인들에게서 나온다.

 이제 그리스뿐 아니라 외국에서라면 늘 지켜야 할 원칙 하
나를 알려드릴까 한다. 말하고 싶은 주제에 대한 지역의 민감
도를 확실히 알게 되기 전까지, 머릿속 생각은 우선 혼자만 간
직하도록 하자. 하지만 이곳은 그리스, 궁금한 것은 얼마든 물
어도 좋다. 어쨌든 그리스인들은 당신이 외국인이고, 그리스에
대한 설명이 필요하다는 사실을 알고 있으니 말이다. 그런 면

에서 그리스는 아주 개방적인 나라다.

아르파 콜라, 마지막 순간까지 미루는 문화

그리스인들은 절대 미리 계획하는 법이 없다. 그보다는 이제까지 축적한 노하우를 적절한 시기에 발휘해 일을 단숨에 처리할 수 있다고 믿는 편이다. 지난 2000년, EU 회원국들이 유로존에 가입할 준비를 모두 마쳤을 때, 예외가 하나 있었으니 바로 그리스였다. 2년 후인 2002년에야 그리스는 재정을 정비하고 유로존에 가입했다. 그리스인들은 모름지기 계획은 커튼이 올라가고 막이 오르기 시작해야만 구체적으로 실현된다고 생각한다.

올림픽 개막일이 단 6개월밖에 남지 않았을 때, 그리스의 올림픽 준비 상황은 계획 대비 심각하게 뒤쳐져 있었다. 그때 아테네 시장 도라 바코야니는 이렇게 설명했다. "그리스에서는 모든 것이 시르타키sirtaki(그리스의 민속 무용)처럼 이루어집니다. 아주 천천히 시작해서 이후에 속도를 붙이죠. 마지막 순간에는 진행 속도가 너무 빨라 따라잡지 못할 정도가 되고요. 마지막 순간까지 초조해하지만 결국 제시간 안에 모든 것이 준비될 겁니다." 그 말처럼 그리스는 개막일 전에 모든 준비를 완료해 세계를 놀라게 했다.

그렇다면 그리스는 왜 미룰 수 있는 데까지 일을 미루는 것일까? 이는 조직의 비효율 문제이고, 각자의 몫을 챙기기 위해 혈안이 된 내부 분열 문제다. 또한 양심적인 그리스인들이라면 인정하겠지만, '아르파 콜라arpa-cola(손에 들고 바로 붙인다는 의미)' 문화 때문이기도 하다. 그리스에서 사람을 구하는 데 누군가를 추천 받는다면, 그가 '아르파 콜라' 방식으로 일을 처리하는지 물어보라.

납기는 늘 아슬아슬하게

앞서 살펴본 대로, 그리스는 납기가 유동적인 상황이라면 할 수 있는 한 최대로 일을 미루어 처리한다. 때로는 영원히 일이 끝나지 않을 것처럼 보이기도 한다. 2015년 그리스는 IMF의 채무를 상환하는 데 실패한 최초의 선진국이라는 불명예를 안았다. 이는 그리스 정부가 채무 상환에 실패할 때 초래될 무시

무시한 결과를 제대로 인지하지 못해서 생긴 실수였고, 이로 인해 그리스는 막대한 대가를 치러야 했다.

하지만 그리스는 지키지 못하면 모든 것이 끝장나는 납기는 꼭 지킨다. 가까운 장래에 그리스는 채무를 상환하고 나라를 운영하는 데 필요한 막대한 재원을 트로이카에서 받아야 할 것이다. 이 구제 금융을 제공받기 위해서 그리스는 채권자들에게 채무를 제때 상환하고, 그들이 약속한 의무를 제대로 이행하고 있음을 계속해서 보여주어야 한다. 공중곡예사처럼 정확하게 약속을 지키지 못한다면 그리스는 기회를 잃고 나락으로 치닫게 될 것이다. 한마디로 그리스는 아슬아슬한 의무의 곡예를 타고 있다고 말할 수 있다.

여성

그리스는 가족 기반 사회로, 가족 내에서는 여성들이 가장 강력한 영향력을 행사하며, 그리스 전체 사유재산 중 40%는 여성 명의로 등록되어 있다. 하지만 다른 유럽 사회와 북미, 호주 등지에 비해 그리스 여성의 정치적·사회경제학적 활동은 많이 부족한 편이다. 과거 국가적 위기와 독립운동 시기에 여성들은 활발히 전쟁에 참여했지만, 전쟁이 끝난 후에는 다시 가정의 품으로 돌아갔다.

만약 그리스 여성들이 서구의 다른 여성들과 마찬가지로 직장에 다니며 커리어를 키워간다면, 그리스의 가족 간 유대 관계가 지금보다 약해질까? 사실 시대가 바뀜에 따라 점차 많은 신세대 여성들이 취업에 성공해 화이트칼라로 일하며 직장 내에서 승승장구하고 있다. 이런 변화의 비결은 다름 아닌 그들의 어머니에게 있다. 평생을 자녀 양육에 헌신한 어머니들이 이제는 손주를 돌봐주며 딸의 사회생활을 뒷바라지하고 있는

것이다. 그리스에서 여성이 2인자에 불과하다고 섣불리 단정할 수 없는 이유다.

일반적으로 여성이 최고의 위치까지 오르기는 쉽지 않지만, 일단 오르고 나면 오랫동안 지워지지 않을 정도로 강력한 영향을 미친다. 19세기, 선박계의 큰손이었던 부불리나Bouboulina는 오스만제국에 맞서 반군을 조직하고, 자신의 함선을 전투에 이용한 독립전쟁의 여걸로 칭송받고 있다. 정치인 멜리나 메르쿠리는 엘긴 마블스(파르테논의 조각상)의 환수를 둘러싼 논쟁에 다시 불을 지펴, 한 나라의 문화 보물을 제3국이 소유하고 있는 것에 대해 국제적 논쟁이 일어나는 데 결정적 역할을 했다. 또한 세계 오페라는 그리스의 소프라노 가수 마리아 칼라스 이전과 그 이후로 나뉜다. 오늘날 중요 언론으로 부상한 〈허핑턴 포스트〉를 설립한 아리아나 허핑턴은 케임브리지 토론팀에서 최초로 외국인 출신 회장이 되었다.

사랑 그 이상

그리스에는 두 가지 사랑이 있다. 먼저 이타적인 사랑과 지원, 깊은 우정을 의미하는 아가페를 들 수 있다. 아가페는 자녀에 대한 부모의 사랑과 인간에 대한 신의 사랑 또한 부모에 대한 자녀의 사랑과 신에 대한 인간의 사랑, 육신의 정욕을 넘어선 남녀 간의 사랑과 부부 간의 사랑을 뜻한다. 다른 하나는 바로 에로타스로, 두 사람이 서로 이끌려 느끼는 열렬한 정욕을 말한다. 여기에 더해 의식적으로 성욕을 배제한 플라토닉 사랑도 있다. 이런 플라토닉 사랑은 신성한 사랑으로 확장된다.

정치인이나 유명인의 성생활이 커리어에 별다른 영향을 미치지 않는 프랑스나 이탈리아와 마찬가지로, 그리스인들도 상호 동의하에 일어난 관계는 사생활이라 간주하고 큰 문제로 여기지 않는다.

향수

그리스인은 두 가지 병을 앓는다는 말이 있다. 하나는 그리스를 떠나고 싶어 앓는 열병이고, 다른 하나는 그리스로 돌아오고 싶어 앓는 열병이다. 이런 정서와 외국에서 이방인으로 사는 것을 뜻하는 '세니티아^{xenitiá}'는 호메로스 시대부터 오늘날의 대중음악에 이르기까지 수많은 그리스 노래에 반영되어 있다. 이민, 국외추방, 망명, 항해, 유학, 구직, 스카우트 등을 통해 세계 방방곡곡으로 흩어진 디아스포라^{Diasporá}('흩어진 씨앗'이라는 뜻)를 통해 이 고통은 널리널리 퍼져 나갔다. 물론 멀리 떠남으로써 관계가 끝난 아픔을 노래하는 곡은 미국에도 있다. 미국 노래는 대부분 '외로운 카우보이'와 유사한 외로운 영웅이 연인을 그리워하고, 아일랜드 노래는 대부분 연인을 그리워하고 가끔은 조국에 대한 그리움을 노래한다면, 그리스 노래는 가족과 고향, 친한 친구들과 멀리 떨어져서 느끼는 외로움과 그리움을 노래한다. 물론 그리스 본토에 남은 가족과 친구들이 해외로 나간 사랑하는 이를 그리는 노래도 많다. '몹쓸 세니티아가 내 아들을 빼앗아갔네'라거나 '세니티아와 고아 신세, 사랑과 슬픔 중 가장 무거운 것은 세니티아라네'라거나 '안녕, 사랑하는 어머니. 안녕, 사랑하는 아버지, 형제자매들, 내 사촌들. 이제 나는 그리스 땅을 떠난다네'라는 가사가 대표적이다.

03

관습과 전통

성인의 이름을 따서 이름을 지은 그리스인들은 매해 이름이 자신과 같은 성인의 날이 오면 영명 축일을 기념하는데, 생일만큼이나 중요하게 여긴다. 영명 축일은 보통 가족, 친구들과 함께 지낸다. 영명 축일이 되면, 특히 아테네 이외의 지역에서는 주인공의 집에 하루 종일 손님들의 발길이 끊이지 않는다.

휴일과 축제

몇몇 국가 수호성인을 기념하는 공휴일 이외에도 각 지역별 수호성인을 기념하는 축일이 있다. 코르푸섬은 12월 12일, 섬의 수호성인인 성 스피리돈을 기념하고, 1월 30일에는 그리스 문자의 날과 성 바실리우스, 성 게오르게, 성 요한 크리소스토모스 세 성인을 기념하며, 모든 학교가 쉰다. 동방 정교회 신도는 보통 가톨릭보다 늦게 부활절을 지내지만, 그리스에서는 동

주요 공휴일	
1월 1일	새해
1월 6일	주현절
2월(변동 가능)	사순절 첫날 후 찾아오는 사순절의 첫 번째 일요일
3월 25일	독립기념일, 성수태 고지절
4월~5월 초	성금요일(반일), 성토요일, 부활절 일요일, 부활절 월요일
5월 1일	노동절, 봄 축제
8월 15일	성모승천일
10월 28일	오히 데이('오히'는 '아니오'를 의미)
12월 25일	크리스마스
12월 26일	크리스마스 다음 날

방정교 달력에 따라 둘 다 기념한다.

성 게오르게는 그리스의 수호성인이자, 군대와 목자, 농부의 수호성인이다. 게오르게라는 이름은 게오르고스^{georgos}, 즉 '농부'에서 왔다.

성인의 날

성인의 이름을 따서 이름을 지은 그리스인들은 매해 이름이 자신과 같은 성인의 날이 오면 영명 축일을 기념하는데, 생일만큼이나 중요하게 여긴다. 영명 축일은 보통 가족, 친구들과 함께 지낸다. 영명 축일이 되면, 특히 아테네 이외의 지역에서는 주인공의 집에 하루 종일 손님의 발길이 끊이지 않는다.

영명 축일의 주인공은 음료수와 커피, 케이크를 손님에게 대접하고, '흐로냐 폴라$^{hrónia\ polá}$(오래 사세요)'라고 말하며 서로 인사한다. 보통 선물은 영명 축일을 맞은 아이에게만 준다. 페이스북 같은 소셜미디어에서도 영명 축일을 맞은 사람이 축하 메시지를 잔뜩 받는 것을 볼 수 있을 것이다. 친하지 않은 사이라고 해도 축하해주자.

· 인기 영명 축일 ·

1월 1일: 바실리우스(Vasíleios), 바실리스(Vasílis), 바실리키(Vasilikí)

1월 7일: 로안니스(Ioánnis), 로안나(Ioánna), 야니스(Yánnis), 얀나(Yánna)

1월 17일: 안토니오스(Antónios), 안도니스(Andónis), 안토니아(Antónia)

2월 10일: 카랄람포스(Charálambos), 하리스(Hárris)

2월 17일: 테오도로스(Theódoros), 테오도리스(Thódoris), 테오도라(Theodóra)

3월 25일: 에반겔로스(Evángelos), 에반겔리아(Evangelía), 반겔리스(Vangélis),

반겔리오(에바)[(Vangelió(Eva)]

4월 23일: 게오르기오스(Geórgios), 요르고스(Yórgos), 게오르지아(Georgía)

5월 5일: 에이리니(Eiríni)

5월 21일: 콘스탄티노스(Constantínos), 코스타스(Kóstas), 엘레니(Eléni)

6월 29일: 페트루스(Pétros), 파블로스(Pávlos)

7월 17일: 마리나(Marína)

7월 20일: 일리아스(Ilías)

8월 15일: 마리아(María), 마리(Marý), 마리오스(Mários)

8월 30일: 알렉산드로스(Aléxandros), 알렉산드라(Alexándra)

10월 6일: 토마스(Thomás)

10월 26일: 디미트리스(Dimítris), 미디트라(Dimítra)

11월 8일: 미칼리스(Michális), 안젤로스(Ángelos), 안젤라(Angéla), 안젤리키

　　　　(Angelikí)

11월 25일: 아이카테리니(Aikateríni), 카테리나(Katerína)

11월 30일: 안드레아스(Andréas)

12월 6일: 니콜라오스(Nikólaos), 니코스(Níkos), 니콜레타(Nikoléta)

12월 9일: 안나(Ánna)

12월 12일: 스피로스(Spíros), 스피라도울라(Spiradoúla)

12월 25일: 마놀리스(Manólis)

12월 27일: 스테파노스(Stéfanos), 스테파니아(Stefanía)

주요 공휴일

【 1월 1일: 새해 】

1월 1일은 성 바실리우스의 날이다. 그리스에서는 크리스마스에 선물을 가져다주는 이는 산타크로스도, 파더 크리스마스도 아니고, 성 바질리스(성 바실리우스)다. 1월 1일이면 어린이들이 새해에 부르는 캐롤 또는 카란다^{Kálanda}를 합창하는 것을 쉽게 볼 수 있는데, 아이들에게는 1유로나 선물을 주면 된다. 이

날이면 집집마다, 기업이나 조직, 스포츠 팀마다 바실로피타 Vassilópita(동전이나 장식물을 하나씩 넣어 만드는 새해맞이 특별 케이크)를 자른다. 자른 케이크는 모두에게 한 조각씩 나누어주고, 가장과 예수, 가난한 자와 이방인을 위해서도 케이크 조각을 남겨둔다. 케이크 속에서 동전을 발견한 사람은 행운이 가득한 한 해를 보내게 된다고 한다(동전을 찾은 사람에게는 동전과 더불어 약간의 돈이나 작은 선물을 같이 주기도 한다). 새해 전야에는 게임을 즐기는데, 특히 카드 게임이 인기가 좋다.

【 1월 6일: 주현절 】

예수가 베푼 침례를 기념하는 날이다. 그리스 전역(그리고 전 세계 그리스 공동체)에서 사제들이 바다, 호수, 강 등 물에 십자가를 던진 뒤, 물속에서 십자가를 꺼내오는 행사가 열린다. 물속 십자가를 꺼내오는 사람은 한 해 내내 축복이 가득하다고 한다.

【 2월: 카니발 】

사순절이 시작되기 3주 전에 시작하는 제전이다. 카니발은 40일 간의 사순절 금식이 시작되기 1주일 전에 절정에 달한다. 사순절의 첫날, 어린이들은 언덕에 올라 연을 날린다. 떠들썩

한 축제로 가장 유명한 곳은 파트라이 카니발이다. 날짜는 유동적이다.

【 3월 25일: 독립기념일, 성수태 고지절 】

파트라 대주교 예르마노스가 칼라브리타의 아야 라브라^{Hagia} ^{Lavra} 수도원 앞에서 그리스 국기를 들고 독립을 선언한 것을 기념하는 날로, 종교적인 기념일이기도 하다.

【 4월~5월 초: 성주간과 부활절 일요일 】

그리스의 기독교 신앙은 부활이 핵심이므로, 부활절은 연중 가장 중요한 축제라 할 수 있다. 인구의 90%가 토요일에 열리는 자정 예배에 참석해 부활을 통해 어둠을 이기고 빛이 된 예수의 승리를 기념한다. 화려한 불꽃놀이로 축제 분위기는 절정에 다다른다.

부활절 직전의 일요일을 뜻하는 종려 주일부터 시작해, 이주간 내내 매일 저녁 십자가 죽음과 부활에 대한 특별 예배가 열린다. 성금요일에는 부활 전의 예수를 상징하며 흰 꽃으로 장식한 에피타피오스^{epitáphios}를 뒤로 하고, 각 지역 사제와 성가대가 이끄는 촛불 행진이 벌어진다. 시골에서는 긴 촛불 행

렬이 풍경을 수놓기도 한다.

토요일 자정이 되면 모든 교회가 불을 꺼 암흑 속에 놓인다. 그러다 갑자기 사제가 예수의 부활을 상징하는 촛불 세 개를 들고 나타나 교회에 모인 신도들에게 불을 나누어주면서 이날 의 행사는 절정으로 치닫는다. 촛불은 죽음의 권세를 물리치며 퍼져 나간다. 이어서 그리스 전역에서 불꽃놀이가 시작된다.

기회가 닿는다면 이런 행사에 참여해보도록 하자. 특히 실 력이 뛰어난 성가대가 있는 교회를 안다면 꼭 참석하자. 부활 절 일요일과 사순절 금식이 끝나면 사람들은 양고기를 구워 이 날을 기념하고, 빨갛게 물들인 계란을 깨뜨린다.

【 5월 1일: 노동절 】

봄 축제로, 교외로 가족 나들이를 가지 않은 사람들이 노동자들의 권리를 주장하며 가두행진을 벌인다.

【 5월 19일: 폰투스 대학살 기념일 】

20세기 초, 오늘날 터키에 속하는 폰투스에서 오스만인들이 그리스인 30만 명을 학살하는 대참사가 일어났다. 당시 수천 명에 달하는 그리스인들이 카프카스로 도피했는데, 1941년 스탈린은 그들을 다시 카자흐스탄으로 보내, 도시 '켄타우' 건설에 강제 투입했다. 수천 명의 무고한 목숨이 또다시 희생된 것이다.

【 6월: 조선해양 주간 】

바다와의 특별한 유대관계를 기념하는 주간으로, 그리스 최대 항구인 피레에프스^{Piraeus}항에 전 세계 선박 업체가 모여 각종 전시와 파티를 즐기는 조선해양 박람회가 열린다.

【 8월 15일: 성모승천일 】

그리스인에게 성모승천일은 소규모 부활절이다. 가족이 함께 모이는 날이라, 많은 사람들이 시골 마을이나 섬으로 돌아가고, 엄청난 인파가 도시를 빠져나가 휴양지에 모인다. 티노스섬에서는 파나기아Panagía, 즉 성모 마리아의 승천을 기념해 수도원에서 의식을 올리기 때문에 많은 성지순례 인파가 모이므로, 이 시기 티노스섬 여행은 피하는 것이 좋다.

【 9월 14일: 소아시아 헬레니즘 】

소아시아에서 3000년의 역사를 이어온 그리스는 1922년, 이즈미르는 불타고 무고한 시민은 대량 학살당하는 비참한 최후를 맞았다. 오스만제국도 큰 타격을 입었다.

【 10월 28일: 오히 데이 】

1940년 10월 28일, 그리스는 추축국의 압박에 굴하지 않고 투항 요청을 단호하게 '오히(아니오)'라고 거절했고, 적극적으로 반격해 연합군으로서 첫 승리를 거두었다.

【 12월 25일: 크리스마스 】

해양국가 그리스에서는 크리스마스가 되면 화려한 조명과 크리스마스 소품으로 장식한 보트를 흔히 볼 수 있다. 물론 우리에게 더욱 익숙한 크리스마스트리도 많다. 흔히 크리스마스를 Xmas라고 쓰는데, 이는 그리스도를 뜻하는 고대그리스어 'Χριστός'의 첫 글자에 영어 Christmas의 mas를 덧붙여 만든 글자다.

그리스 정교회

그리스 정교회는 그리스에서 잘 조직된 몇 안 되는 기관 중 하나다. 그리스 헌법은 동방 정교회를 그리스의 주요 종교로 인정하고 있다. 그리스 헌법의 서문은 '거룩하시고, 동일한 본질

을 지니시며 서로 분리될 수 없으신 삼위일체의 이름 아래'라는 문구로 시작한다. 그리스 정교회의 예배나 집회에 참여하게 된다면, 이는 그리스 정교회에서 1000년 넘게 그대로 전승되어온 언어와 소리, 몸짓, 그리고 심지어 냄새까지 본다는 것을 의미한다. 그리스 정교회의 예배 의식은 기독교 전도 이전부터 시행되던 의식 요소를 바탕으로 하고 있다. 모두 동방 출신이었던 사도와 선교사들은 코이네 그리스어로 성령의 일을 기록했으며, 이는 현대 코이네 그리스어를 쓰는 사람이 어느 정도 이해할 수 있는 수준이다. 그들이 기록한 언어는 사도들이 쓰

• 깊은 의미는 그리스어로 •

많은 종교 관련 그리스 어휘가 영어로 전승되었고, 현대 영어도 이 단어들을 그대로 사용하고 있다. 교회, 사도, 성경, 예언자, 선교사, 천사, 찬송가, 주교, 교구, 캐럴, 무덤, 관, 이단, 무신론자, 우상, 성화, 악마 등이 대표적이다. 하지만 일부 정교회 신도들은 영어 단어로는 정교회의 예배나 이론이 가지고 있는 깊은 의미를 다 전달할 수 없다고 말한다. 평론가들은 과거에 그리스 고어를 영어로 번역할 때는, 원문 단어의 의미에 정확히 대응하는 영어 단어가 없는 경우, 그리스의 핵심 예배 용어를 차용해서 그 뜻을 설명했는데, 현대 영어 번역은 그러지 않는다고 지적한다. 그러는 대신 현대 영어 어휘 중 원문 단어의 뜻과 가장 가까운 단어를 부적절하게 사용함으로써, 본래의 의미를 훼손하고 있다는 것이다. 평론가들은 이를 두고 왕관에 박힌 진귀한 보석을 플라스틱 싸구려 보석으로 바꾼 뒤 왕의 것인 양 행사하는 것과 다를 바 없다고 비판한다.

던 말이기도 하다.

역사적으로 기독교 신앙은 325년부터 787년까지, 니케아, 콘스탄티노플, 에페소스, 칼케돈에서 열린 일곱공의회를 통해 정립되었다. 그리스 정교회와 로마 가톨릭의 분열은 589년, 삼위일체 중 '성자로부터filioque'
를 어떻게 정의할 것인지를
둘러싸고 이견을 보이면서
시작되었다. 이후 로마 가톨
릭 교회는 서구세계에서 가
톨릭만의 관습을 수립해갔
고, 정교회는 공의회에서 내
려온 것들을 계속 보전했
다. 그러다 십자군 원정대가
콘스탄티노플을 침략했던
1204년, 정교회와 로마 가톨

릭은 돌이킬 수 없는 갈등을 겪는다. 이후 그리스인들은 망명
자 또는 기업가로 전 세계를 돌아다니며 교회 중심 공동체를
만들었다. 19세기 후반, 대영제국이 인도 벵골에 탐험가를 파견
하는 동안, 그리스 상인들은 캘커타(콜카타)에 교회를 세웠다.

기독교 신앙의 특성이 집약된 것이 바로 성화다. 성경이 그
리스도의 말을 담았다면 성화는 그것을 그림으로 담았다. 일
곱공의회는 성경과 성화 둘 다, 같은 방식으로 숭배해야 한다
고 규정했다. 성화는 하나님이 그의 왕국을 인간에게 드러내

어 신성을 알려주려고 선택한 창으로, 그 예술적 가치는 부수적인 것에 지나지 않는다. 성화를 그리는 절차는 명확하게 규정되어 있으며, 그리스 정교회는 이를 고수하고 있다.

【 그리스 정교회의 총대주교 】

동방 정교회에는 러시아 정교회, 불가리아 정교회, 루마니아 정교회 등 모두 14개의 독립교회가 있다. 이 독립교회는 모두 같은 교리를 바탕으로 하며, 특히 예배 의식과 성례 관련 교리는 거의 차이가 없다. 주교 중 최고참은 이스탄불에 위치한 콘스탄티노플 총대주교청(이 총대교주청의 주교가 자동적으로 총대주교가 된다)으로 가고, 동료 중 1인자가 된다. 그리스에도 1833년, 콘스탄티노플에서 자치권을 획득한 독립교회가 있다.

그리스 정교회에는 콘스탄티노플, 알렉산드리아, 안티오키아, 예루살렘, 이렇게 네 개 총대주교가 있다. 이중 예루살렘은 예루살렘 내 예수 부활의 무덤, 베들레헴의 예수 탄생 동굴 등 성지를 보호하고 있으며, 상당한 영토도 소유하고 있는데, 여기에는 이스라엘 국회가 서 있는 토지와 485년 세워졌으며 '초대 신학 대학'으로 평가받는 유대 광야의 성 사바 수도원 등 여러 수도원이 포함된다.

【 그리스 정교회의 정신적 중심, 아토스산 】

그리스 북부의 할키디키 지역에 산으로 둘러싸인 이 신학의 보고는 세계 유일의 수도원 공화국이다. 작은 탑을 올린 요새 같은 20여 개 수도원이 이 공화국을 통치하고 있다. 수도원이 설립된 963년 이후, 여성은 수도원에 출입할 수 없다.

【 성화를 위한 공간 】

그리스 영토의 대부분은 성화의 '보호'를 받고 있다. 대부분의 그리스 가정과 사무실, 기관에는 '교회 전용 코너'가 마련되어 있어, 수호성인이나 기타 성인의 성화나 '거룩한 제등'을 올려놓고, 특별한 날에는 향을 피우기도 한다.

기타 종교

【 이슬람교 】

그리스 내 무슬림 중 주류는 수니파가 차지하고 있다. 이슬람교는 오스만제국이 들여와 1453년 콘스탄티노플이 멸망한 후 동남부 유럽으로 널리 전파되기 시작했다. 오스만제국은 종종 개종을 강요하기도 했지만, 다수는 마음의 평안을 위해, 개종에 따르는 특권을 누리기 위해 자진해서 개종했다. 오늘날 그리스에는 10만여 명의 무슬림이 살고 있다. 그들 중 다수는 터키인, 이슬람교로 개종한 불가리아인과 마케도니아인, 집시들이다. 터키에도 그리스 무슬림이 살고 있다. 그리스인들은 직접적으로든 간접적으로든 종교를 풍자하지 않는다.

【 유대교 】

세계에서 가장 오래된 교류는 그리스 문화와 유대교 사이에서 일어난 교류일 것이다. 문명 발전에 이바지한 다른 민족이 없는 것은 아니지만, 그리스인이나 유대인이 없었다면 현재 어떤 세상일지 상상하기가 힘든 것이 사실이다. 알렉산드로스 대왕 이후, 그리스에는 늘 유대인이 살았고, 유대에도 그리스인이 살았다. 특히 1496년 스페인에서 유대인을 추방하면서, 많은 유대인이 그리스로 유입되었다. 그중 다수는 항구 도시인 테살로니키에 정착해, 20세기 초반에는 도시의 인구 절반이 유대인일 정도로 번성했다. 하지만 제2차 세계대전 동안 도시의 유대인 인구 중 98%가 추방당해 홀로코스트에 희생되었다. 그리스인들은 유대인을 헤브라이오이^{Hevraioi}(히브루) 혹은 이오우다이오이^{Ioudaioi}(유대인)라고 부른다.

04

그리스인과
친구 되기

그리스인은 표현하길 좋아하고 또 표현에 능하다. 그리스에 간다면 사람들이 서로 먼저 이야기하려고 목소리를 높이는 광경을 쉽게 볼 수 있을 것이다. 왜냐하면 그리스에서는 소리 지르고 흥분해 논쟁을 벌이는 것이 평범한 의사소통이기 때문이다. 그리스인들은 그저 조금 더 열정적으로 상대와 소통할 뿐이다. 한 순간 상대에게 소리를 지르다가도, 바로 다음 순간 함께 웃거나 친밀하게 대하는 일이 흔하다.

열린 마음

그리스인은 과묵한 스타일이라기보다는 표현하길 좋아하고 또 표현에 능한 사람들이다. 그리스에 간다면 사람들이 서로 먼저 이야기하려고 목소리를 높이는 광경을 쉽게 볼 수 있을 것이다. 사람들이 언성을 높여 소리를 지르고 흥분해 논쟁을 벌이는 것을 소동이라고 생각했다면, 그리스에서는 그 기준을 좀 조정해야 할 것이다. 왜냐하면 그리스에서는 소리 지르고 흥분해 논쟁을 벌이는 것이 평범한 의사소통이기 때문이다. 그리스인들은 그저 조금 더 열정적으로 상대와 소통할 뿐이다. 한 순간 상대에게 소리를 지르다가도, 바로 다음 순간 함께 웃거나 친밀하게 대하는 일이 흔하다.

그리스에 도착한 뒤 처음에는 그리스인들에게 상식과 온건함을 가르쳐주고, 당신이라도 차분한 목소리로 이야기해 상대의 흥분을 가라앉히고 싶다는 충동을 느낄 것이다. 그리스인들과 대화할 기회가 생긴다면 처음에는 그리스인이 당신의 이야기를 들어주는 것 같다가, 대화가 진행되고 당신의 존재가 익숙해지기 시작하면 자기 말만 하기에 급급해지고, 결국 당신은 말 한마디 제대로 하지 못하는 경험을 하게 될 것이다.

하지만 국가 부도 위기는 나라 분위기에 어쩔 수 없이 영향을 미쳤다. 사업차 주기적으로 그리스를 방문하는 한 기업가는 편안한 분위기에 부유한 사람들이 모이는 아테네 테니스 클럽에서조차, 사소한 문제 때문에 폭발하는 사람들이 종종 있다고 말한다.

명령과 부탁의 구분

영어권 사람들은 그리스 사람들이 '소금 좀 건네봐'라든가 '서류 가져와'와 같이 직설적으로 명령하듯 말한다는 인상을 받을 수 있다. 여기서 먼저 알아야 할 사실은 그리스어에는 프랑스어, 독일어와 마찬가지로 격식체와 비격식체가 있다는 것이다. 격식체는 상대를 높이는 것으로 잘 모르는 사람이나, 친하지 않은 지인, 노인, 성직자, 손윗사람에게 쓴다.

한편 영어에서는 격식체가 없고, 상대가 누구든 'you'로 부른다. 영어에는 존대법이 없기 때문에, 누군가에게 부탁을 할 때는 'could you', 'would you', 'may I', 'would you mind' 등 공손한 표현을 덧붙인다. 때문에 그리스어의 격식체로 말하면서 이런 영어식 표현을 덧붙이면 아주 이상하게 들릴 수 있다. 마찬가지로 그리스인들이 영어를 말할 때면, 머릿속으로 격식체 그리스어를 영어로 번역하기 때문에 공손한 표현을 덧붙이지 않아 퉁명스럽게 들릴 수 있다.

보디랭귀지와 신체 접촉

상대와 약 1m쯤 거리를 두고 마주보며 대화하는 문화권에서 온 사람이라면, 그리스에서 상당한 충격을 받을 것이다. 단,

80cm 정도 떨어진 코앞에서 사람들이 당신을 향해 밀치고 다가오는 느낌을 받을지도 모른다. 하지만 곧 익숙해질 테니 지나친 걱정은 하지 말자.

그리스인들은 친근함의 의미로 상대의 팔이나 어깨를 만지기도 한다. 갑작스러운 접촉에 당황해 고개를 돌리고 먼 산을 바라보기라도 한다면, 그들은 다시 당신의 주의를 돌리기 위해 팔을 가볍게 두드리면서 말을 걸 것이다. 그리스인들은 친구 사이에 인사할 때 뺨에 두 번 키스를 하니 당황하지 않도록 하자.

그래도 그리스인들의 몸동작과 표정은 이탈리아 사람들처럼 오페라적이지는 않다. 대신 말할 때 간결하거나 아주 장황한 설명과 연설이 수반된다. 그리스인들의 몸짓에는 조각상 같은 무언가가 있다. 그것들이 각각 무엇을 의미하는지 배워보도록 하자.

속삭임

그리스에서는 당신과 대화하던 상대에게 누군가 갑자기 다가와, 꽤나 공개적으로 비밀 이야기를 하는 광경을 자주 목격하게 될 것이다. 머리를 수그리고, 다른 사람이 엿듣는 것을 막기라도 하겠다는 듯 어깨에 손을 올린 뒤, 한껏 목소리를 낮추어 말하면, 비밀 이야기를 하는 것이 틀림없어 보인다. '당신에 대해 말하고 있는 것은 아닐까? 무슨 꿍꿍이가 있는 것은 아닐까?' 하는 생각이 절로 들 것이다. 특히 사업상 모인 자리에서 이런 상황이 벌어진다면 불편한 마음은 배가 될 것이다. 하지만 실제로는 별것 아닐 가능성이 매우 높다. 비밀스럽게 주고받는 그들의 대화는 당신과 상대의 관계에 아무 영향을 미치지 않는 경우가 대부분이다. 그리스의 외교관들은 지극히 평범하고 사소한 일에 비밀스럽게 말하는 화법을 자주 사용한다. 이렇게 말하면 상대가 좀 더 특별하고 가치 있는 존재가 된 것처럼 느낄 수 있기 때문이다.

시간 약속

'그리스에서는 시간 약속을 지키는 것이 불법인 것일까?' 하는 생각이 들 때가 있을 것이다. 그렇다. 그리스인들은 대부분 약속에 늦는다. 길이 너무 막혀서, 쓸데없는 관료주의적 절차가 너무 많아서, 하던 일이 지연되는 바람에 등등 그럴 듯한 이유도 많다. 그러니 인내심을 가지고 책을 한 권 들고 다니자. 당신이 윗사람인 경우에는 시간 약속을 꼭 지키라고 독려하고, 솔선수범하라.

환대 문화

그리스어로 환대는 필로세니아^{philoxenía}라고 한다. 그리스인들은 부유하든 가난하든, 필로세니아를 체면의 문제로 생각하고 상대를 후하게 대접한다. 그리스에서 열리는 행사에 참가할 기회가 있다면, 그리스식 환대를 넘치게 경험하게 될 것이다.

키프로스 사태에 관여했던 영국의 한 정부 고관은 키프로스의 그리스인들이 보여준 '필로세니아'를 완전히 잘못 이해한 나머지, 영국 친구들에게 그리스인들은 아주 부자인 것 같다고 말했다. 하지만 이는 잘못 이해한 것이다.

로마 작가 버질은 트로이 전쟁에 대한 명저, 『아이네이드』에서 '그들은 그리스로 돌아가는 척하며 커다란 목마를 선물로 남겨두고 떠났다'라는 문장을 썼다. 여기서 '꿍꿍이를 조

심하랴beware of Greeks bearing gifts'라는 영어 관용구가 탄생했다. 하지만 그리스인들이 전쟁 중에 트로이 사람들에게 '작별 선물'로 남긴, 군인들이 가득 든 거대한 목마 선물을 이렇게 말하는 것은 조금 불공평하지 않겠는가?

그리스를 찾은 수많은 젊은 여행객들, 젊다고 하기엔 나이가 지긋한 여행객 모두 그리스식 환대를 즐긴다. 낯선 여행객에게 식사를 대접하거나, 공짜로 숙박을 제공하거나, 부유한 사람이 요트에 초대하거나 하는 것이 대표적이다. 여행객이 이런 호의에 보답하면 물론 그리스인들은 기쁘고 감사해하지만, 처음부터 보답을 기대하며 호의를 베푸는 경우는 거의 없다. 그렇다면 여행객으로서 이런 호의에 가장 잘 대처하는 방법은 무엇일까? 그저 호의를 감사한 마음으로 받고 그들과 우정을 쌓으면 된다.

돈은 누가 낼까?

남자와 여자가 만나면, 계산은 남자가 한다. 윗사람과 아랫사람이 함께 있을 때는 윗사람이, 많은 사람들이 함께 모인 자리에서는 기분 좋은 사람이 낸다. 또한 사람들을 초대한 사람이 돈을 낸다. 한 턱 내는 데 상당한 비용이 들지만 그럼에도 서로 계산하겠다고 실랑이하는 그리스인들을 종종 볼 수 있다. '네 자리로 돌아가, 내가 낼 거야'라고 말하는 소리도 종종 듣게 될 것이다. 웨이터의 주머니에 서로 돈을 넣으려고 티격태격하기도 한다. 물론, 이런 실랑이가 벌어지기 전에 조용히 먼저 계산을 끝내는 사람도 있다.

요즘에는 여러 친구들이 모인 자리에서 '더치페이'하는 사람도 늘고 있다. 하지만 이런 경우에도 남녀가 동반했다면, 남자는 자신의 파트너로 온 여자의 몫까지 계산한다. 영명 축일에는 축일의 주인공이 계산하는 경우가 많다.

로맨스와 외국인

그리스에 있는 동안 로맨스가 싹튼다면, 상대와 로맨스 그 자체를 존중하자. 그리스에서는 남녀관계에 있어, 남자가 먼저 여자에게 대시하는 경우가 대부분이다. 그리스 남자들은 다른 유럽 남자들보다 다소 감정표현에 솔직한 편이다. 서로 잘 아는 사이에서는 플라토닉한 신체 접촉이 흔히 일어나는 나라라 더욱 그럴 것이다. 데이트할 때에는 보통 더치페이 없이, 남자가 계산한다.

친구들이 몰아가는 바람에 이성과 엮이는 일도 흔하게 일어난다. 누군가의 환심을 사기 위해 치근대면 사람들의 입방아에 오르내릴 수 있으니 주의하자. 그리스의 부모들은 자녀가 교제하는 상대는 물론, 자녀와 사귀지 않는 이성친구들에게까지도 지대한 관심을 가지고 있다. 한편 도시를 벗어나 조금만 시골로 가도, 여자 부근에서 얼쩡거리면 질문공세를 받게 될 것이다. 예를 들어 크레타섬에서 여자 주변에 계속 얼쩡거렸다간, 여자의 가족 중 한 사람이 당신에게 무슨 용건인지를 묻거나 그만 사라지라고 말할 것이다.

마지막으로 그리스인들은 연인과 침대에 나란히 누워 많은 이야기를 나눈다. 외국인과 결혼한 많은 그리스인들이 이 시간을 그리워한다고 한다.

선물

누군가의 집에 초대받았다면 선물을 가져가자. 케이크나 꽃, 초콜릿, 그리스에서는 잘 찾아볼 수 없는 작은 선물이라면 더욱 좋다. 보통 선물은 집안의 안주인에게 준다. 선물로는 CD나 책, 그릇처럼 오래 간직하는 것보다는 잠깐 즐거움을 주고 사라지는 것들을 주로 주고받지만 어린아이에게 주는 선물은 예외다. 시골이나 교외의 지역 특산품도 좋은 선물이다.

그리스는 지역별로 품질 좋은 치즈, 꿀, 와인, 살라미를 생산하고 있으므로, 어디에서 이 제품들을 살 수 있는지 물어보자. 지역 특산품을 선물로 가져가는 경우에는 집주인에게 그것이 어느 지역의 어떤 특산품인지 설명해주면 좋아할 것이다. 그리스 상점 중에는 아주 작은 선물이라도 정성스럽게 포장해주는 곳이 많다.

그리스에서 크리스마스에 선물을 주고받기 시작한 것은 얼마 되지 않았다. 전통적으로는 새해 당일이나 그다음 날, 다른 사람 집에 초대를 받았거나 혹은 사람들을 초대한 경우에 선물을 주고받았다. 물론 그리스에서도 생일에는 선물을 주고받는다. 해외에 갔다 온 뒤 선물을 나누어주는 전통은 점점 사라지고 있다. 그리스가 유럽에 편입되고 유럽 내 이동비용이 저렴해진 것도 부분적인 이유다. 하지만 해외에 다녀온 뒤 가족에게 선물을 주는 사람들도 여전히 많다.

초대

누군가의 집에 초대받아 간다면, 커피와 홍차, 케이크, 다양한 비주류 혹은 '스푼 스위트' 등 가벼운 먹을거리와 음료를 대접받을 것이다. '스푼 스위트'란 작은 접시에 각종 과일 절임을 담아 내놓는 것을 말한다. 물론 테이블에는 항상 물을 놓아, 목을 축일 수 있게 해둔다.

초대를 받았을 때 지켜야 할 복장 규칙 같은 것은 없다. 캐주얼부터 스마트 캐주얼까지, 그저 깨끗한 옷을 단정하게 입으면 된다. 앞서 살펴본 것처럼 그리스인들은 손님을 극진히 대접한다. 당신을 칭찬하고, 지나칠 정도로 관심을 보일 것이다. 가져갈 선물은 위의 내용을 참조하라.

만약 당신이 그리스 친구를 당신 나라에 초대해 당신 집에서 며칠 머물도록 한다면, 그리스 친구는 당신에게 선물을 사다 줄 것이다. 이런 매너가 그리스에서는 아주 중요하다.

그리스인들은 전형적인 지중해 스타일로 깜짝 방문을 즐긴다. 사람들은 사전 예고 없이 '안녕하세요'하고 들어와, 가족의 안부를 묻고 그사이 무슨 일이 있었나 꼬치꼬치 조사하듯 대화를 나눈다. 안타깝게도 아테네에서는 점차 사라지고 있지만, 시골에서는 아직도 흔하게 일어나는 일이다. 교외나 도시에서도 좀 더 전통적인 동네에 가면, 집 앞에 의자를 놓고 앉아 친구나 지나가는 사람과 이야기하는 어르신들을 쉽게 볼 수 있다.

초대 받은 집에 얼마나 오래 머물지는 신중하게 판단해야 하는 문제다. 그리스인들은 가족이나 친한 친구 집에서 더 오랜 시간 머문다는 것을 참고하자.

갑자기 문을 두드리는 낯선 사람을 열린 마음으로 받아주는 그리스의 전통은 그리스의 고전, 성경 등 인기 있는 이야기에 잘 반영되어 있다. 이야기 속에서 낯선 사람은 신이 보낸

천사일 수도 있다. 그리고 머지않은 미래에 당신도 같은 처지로 낯선 집의 문을 두드리게 될지 알 수 없는 일이다.

인사

그리스에는 다양한 인사말이 있다. 아픈 역사가 있는 나라답게, 인사말의 대부분은 평탄한 삶을 기원하는 내용이다. 먼저 이제 막 자녀를 출산한 사람에게 인사를 하거나, 혹은 그 아이를 처음 본다면 'zoí na éhi(활기 넘치는 삶을 살기를)' 혹은 'na sas zísi(아기가 건강하기를)'이라고 인사한다. 이렇게 인사하기 전에 '후투ftou, 후투, 후투'라는 소리를 내며 침 뱉는 시늉을 하는 사람도 있는데, 이는 악마와 저주를 물리치기 위한 것이다. 생일이나 영명 축일, 그리스 정교회의 주요 기념일에는 'hrónia polá(흐로냐 폴라, 많은 세월이라는 뜻으로 장수를 기원하는 인사)'라고 인사한다. 이렇게 인사하면, 인사를 받는 사람은 같은 인사말로 응수하거나, 'na'ste kalá'(건강하고 행복하길)라고 다시 인사한다.

그리스에서는 생일 축하 노래마저 인생과 지혜에 관한 내용을 가사로 하고 있다. '(생일자가) 만수무강하길, 머리카락이 하얇게 샐 때까지 건강하게 살길, 온 세상에 빛을 비추길, 모두에게 현명한 사람이라는 칭찬을 듣길' 그리고 마지막으로 '백 살까지 무병장수하길'이라고 노래한다. 이 가사에 95세 생일을 맞은 노인은 '고작 5년만 더 살다 가라고?'라고 재치 있게 응수해 웃음꽃이 피기도 한다.

술

술 취한 그리스인을 보기란 쉽지 않다. 그리스인들은 사람들과 어울려 좋은 분위기에서 대화를 나누어 활기를 더하고, 상대를 짓궂게 놀리며 함께 웃기 위해 필요한 정도로만 술을 마신다. 술은 식사에 곁들여 조금만 마시거나, 치즈나 절인 채소, 그리스식 에피타이저인 돌마데스나 미트볼 요리와 함께 마

신다. 하지만 그렇다고 그리스인들이 절대 과음하지 않는다는 뜻은 아니다. 단지 그리스인들은 사회적 상호작용을 통해 뭇 유럽에서 쉽게 볼 수 있는 술로 인한 추태를 비켜간다는 뜻일 뿐이다.

음주운전도 흔해, 매년 수천 명이 음주운전 사고로 목숨을 잃는다. 아테네 사람들은 주로 와인과 맥주를, 20대 초반은 병에 든 칵테일을 즐겨 마신다. 지역별로 특색 있는 술(가정에서 주조한 것도 있다)을 마시는데, 포도로 만든 치뿌로^{tsípouro}나 아니스씨로 만든 라키^{rakí}가 대표적이다.

필로티모

과거, 그리스 철학에 열광했던 세계가 좀 더 현실적인 '필로티모^{philótimo}'를 가슴 깊이 새겼다면 세상은 지금보다 더 나았을 것이다. 필로티모는 누군가를 위해 감정이나 직업적 의무가 요구하는 것 이상 무언가를 할 수 있는 능력으로, 개인적으로 느끼는 반감이나 적대감을 초월해 아무 조건 없이 호의를 베푸는 능력, 즉 사람에 대한 경의를 말한다.

필로티모는 누군가 나만이 해줄 수 있는 무언가가 필요할 때 성립한다. 누군가에게 필로티모를 받기 위해서는 그 사람의 명예욕과 페어플레이 정신, 품위, 관대함에 호소해야 한다. 필로티모는 정말 절실한 상황에서 필요한 조치를 취하도록 만들어주기 때문에, 이를 자비를 구걸하는 것으로 해석하는 사람은 없다. 도무지 신뢰할 수 없는 건축업자에게 오늘 안에 일을 다 끝내달라고 부탁하거나, 벌금이나 벌칙을 피하기 위해 필로티모를 유도하기도 한다. 이런 필로티모의 관례가 점차 느슨해지는 것은 개인에 대한 경의와 존중이 희미해짐을 의미한다.

05

일상생활

대부분의 그리스인들은 대가족 안에서 성장한다. 한 아파트 건물에 가족이 여러 세대 니누어 시는 것도 흔한 일이다. 조부모는 손자손녀를 돌봐주어 부모가 맞벌이할 수 있게 지원한다. 가족들은 교육을 매우 중요하게 생각하며 특정 과목을 보강하기 위해 별도의 수업료를 지불하고 사설 학원에 아이들을 보내기도 한다.

도시개발

아리스토텔레스는 '사람은 폴리스(도시)에 모여 사는 사회적 동물'이라는 말을 남겼다. 이 말처럼 문명은 도시에서 탄생했고, 그리스인들은 본능적으로 도시로 이주했다. 제2차 세계대전 이후에는 많은 사람들이 기근과 내전, 반란 폭동을 피해 아테네와 테살로니키로 이주했다. 많은 사람들이 도시로 모였음에도 그리스 정부는 '도시 계획'을 제대로 세우지 않았다. 1950년대 세계에서 가장 쾌적하고 아름다운 도시였던 그리스는 콘크리트 미로로 전락하고 말았다.

그리스의 도시 계획이 실패한 결정적 계기는 안티파로키antiparochí 법 시행에 있다. 이 법에 따라 토지와 주택 소유주들은 건축업자가 아닌 기술자들을 불러 집을 세우거나 재건축할 수 있게 되었고, 여기저기 콘크리트 건물들이 세워지기 시작했  다. 이렇게 커다란 콘크리트 아파트가 완공되면, 원 소유주는 일정 비율로 아파트를 받아, 팔거나 세를 주었다. 곧 그리스 도시에 콘크리트 아파트들이 우후죽순으로 들어섰다. 1990년대에는 대출이 쉬워 이런 재개발 붐에 불을 지폈다. 그 결과, 아테네인들은 콘크리트 더미 사이에 묻혀 살게 되었고, 과거 네오클래식 스타일의 건축물들은 콘크리트 건축물에 가려 보이지 않게 되었다.

역설적이게도 그리스의 아름다운 옛 건축물 중 다수는 국가 부도 위기 덕분에 훼손되지 않고 옛 모습을 보존할 수 있었다. 건축붐이 사그라든 후, 많은 아테네 시민들이 도시의 옛 모습과 마을을 복원하고 보호하자는 캠페인을 벌이기 시작했다.

【 녹지 】

지난 수십 년 동안 그리스인들은 녹지에 대해 강한 반감, 심지어 공포를 느껴왔다. 다른 나라에서는 훌륭한 공원을 옆에 둔 동네가 비싸기 마련이지만, 이상하게도 그리스에서는 그렇지 않았다. 사람들은 숲보다는 해안을 훨씬 선호하고, 정원에는 인조 잔디를 깔아놓는다. 진짜 정원을 가꾸려는 사람들은 '소작농처럼 땅을 파려 한다'고 해서 실패자 혹은 이상한 사람으로 비추어졌다. 하지만 복잡한 도시를 떠나려는 사람이 늘어나면서 변화가 생기고 있다. 특히 그리스 내 통근용 교통 네트워크가 정비된 것도 이에 일조했다. 아테네 공항서부터 북부 펠로폰네소스를 따라 이오니아해에 닿는 새 철도가 뚫리면서, 많은 아테네인들이 교외에 살면서 아테네로 출퇴근하며 더 여유로운 삶을 누릴 수 있게 되었다.

점점 더 귀해지는 물

올바른 마음을 가진 여행객들은 물을 절약하고 재활용하려고 노력한다. 물은 귀한 자원이다. 화장실에서 대소변을 구분하지 않고 최대로 물을 내리거나, 수도꼭지를 튼 채 설거지를 하는 것은 안타까운 일이다. 수많은 가정과 기관이 '유럽'식 잔디를 연출하기 위해 잔디에 물을 펑펑 낭비하기도 한다. 또한 EU는 그리스 내 일부 지역에 물집약적 작물을 재배하라고 요구해 논란을 일으키고 있다.

공무원 정신

어느 날 오후, 그리스 총리가 한 관공서를 깜짝 방문했다. 하지만 어쩐 일인지 관공서 안은 텅텅 비어 있었다. 총리가 관리자에게 "여기는 일하는 사람이 아무도 없나요?"라고 물었다. 그러자 이런 대답이 돌아왔다고 한다. "총리님, 이 사람들은 아침에는 일을 하지 않고, 점심에는 사무실에 나오질 않습니다."

이 사람들은 다름 아닌 공무원이다. 그리스 공무원을 만날 일이 있다면 관료주의 파시즘을 경험할 수 있을 것이다. 하지만 공무원들에게 화를 내봐야 일처리만 늦어질 뿐이니 침착하도록 하자.

그리스 관공서에 볼일을 보러 간다면 다음과 같은 일들을 경험하게 될 것이다.

먼저 관공서에 도착하면 입구에 안내하는 사람이 없을 것이다. 하지만 걱정하지 마라. 당신처럼 볼일을 보러 온 사람들이 알고 있는 정보를 말해주며 어디로 가야 하는지 알려줄 것이다. 그런 다음 주위를 둘러보면 계단(아마 엘리베이터는 고장 났을

• 영원한 숙제 •

"보통 그리스인에게 공공 부문은 충성심을 요구하거나 공감할 수 있는 부문이었던 적이 한 번도 없었다. 사회 단위 밖에서는 안전감을 느끼기 힘든 것처럼 가족 밖의 집단에 대한 충성심은 아주 드물다. 현대 그리스인들은 적진에 침투하는 침략자처럼 관공서에 가서, 필요한 것을 강탈하고 약탈해 전리품을 집으로 가져온다."

(출처: 『Greece-The Modern Sequel』, J.S. Koliopoulos, T.M. Veremis)

것이다)을 바삐 오르내리고, 이 사무실에서 저 사무실 종종걸음으로 돌아다니는 사람들이 눈에 들어올 것이다. 일 처리를 위해 공무원들에게 질문을 하면 그들은 저마다 다른 이야기를 할 것이고, 그중 일부는 내 알 바 아니라는 식으로 반응할 것이다. 곧 당신은 다른 사람들과 함께 계단을 오르내리며 방황할 것이고, 미로에 갇힌 것 같은 느낌을 받을 것이다. 그 와중에도 벽에는 기관의 효율적 일 처리를 자랑하는 홍보 포스터가 붙어 있을 것이다. 조금 있으면 관공서 안에 비치되어 있는 컴퓨터와 종이가 턱없이 부족하다는 것이 눈에 들어올 것이다.

사실 상황은 점점 더 나아지고 있다. 하지만 그래도 관공서에 갈 일이 있다면 친구나 인맥을 꼭 동원하도록 하자. 기회가 닿는다면 공무원의 필로티모에 호소하는 것도 잊지 말자.

그리스에서 유년시절 보내기

대부분의 그리스인들은 부모, 형제자매, 조부모, 이모, 고모, 숙모, 삼촌, 작은 아버지, 사촌 등 대가족 안에서 성장한다. 한 아파트 건물에 가족이 여러 세대 나누어 사는 것도 흔한 일이

다. 조부모는 손자손녀를 돌봐주어 부모가 맞벌이할 수 있게 지원한다. 가족들은 교육을 매우 중요하게 생각하며 특정 과목을 보강하기 위해 별도의 수업료를 지불하고 사설 학원에 아이들을 보내기도 한다.

끈끈한 가족 관계는 도시 생활에 방해가 되기도 하지만, 그리스의 경제위기로 인해 30대가 되어도 부모와 함께 사는 자녀들이 많아졌다. 사실 이는 경제위기가 터지기 전에도 보기 힘든 광경은 아니었다.

휴가철이 되면 그리스의 아이들은 바다로 나가 뜨거운 태양 아래 물놀이를 즐기고, 부모가 태어난 고향이자 조부모가 살고 있는 시골에서 방학을 보낸다. 유학을 하는 학생들은 어머니가 직접 요리한 음식과 그리스 특산품이 가득 담긴 소포를 받는다. 시험 기간이 되면 자녀가 공부에 집중해 좋은 성적을 받을 수 있도록 부모가 자녀의 집에 들어와 머물며 뒷바라지하는 일도 흔하다.

교육

지난 오랜 세월 동안 그리스인들은 계급에 상관없이 뛰어난 교육을 받아왔고, 정착하는 곳마다 학교를 설립했다. 알렉산드로스 대왕이 그랬고, 그리스 정교회가 그랬으며, 현대 국가 그리스도 이 전통을 이어가고 있다.

그리스에서는 5세가 되면 유치원에 들어가며, 6~12세에 초등학교를 다닌다. 이후 6년 동안, 짐나시움^{Gymnásium}과 리키오^{Lýkio}로 나뉘는 고등학교 과정이 이어진다. 의무교육은 16세까지다. 대학 진학률은 매우 높은 편으로, 대학교육은 모두 무료다.

약 4만 명 정도가 대학을 졸업한 후 해외로 유학을 가서 학업을 이어가는데, 이중 절반은 영국에, 나머지 절반은 미국,

프랑스, 독일, 이탈리아, 헝가리, 루마니아, 불가리아, 폴란드로 흩어진다. 전 세계 유학생 중 그리스 학생이 차지하는 비율은 매우 높다. 이런 현상의 배경으로 오스만제국의 통치 아래 경제적 여력이 되거나 후원자를 찾은 부모들이 자녀를 해외로 유학 보냈던 전통을 꼽을 수 있다. 또 유학이 유행하거나 그리스 대학의 입학 정원을 제한한 것도 그 이유다.

18세 이상의 젊은 남성은 반드시 군대에 복무해야 하며, 진학을 앞두고 있는 경우 졸업 후까지 군복무가 연기된다.

일상

그리스 사람들은 기후에 맞추어 일상을 보낸다. 그리스인들은 오전 6시~6시 30분 정도에 일어나고, 많은 기업체와 관공서도 아침 7시면 문을 연다. 꼭 수도꼭지를 틀어놓고 씻는데 고여 있는 물은 지저분하다고 생각하기 때문이다. 아침식사는 빵과 꿀, 요구르트, 커피 등으로 아주 가볍게 먹는다. 또 차를 즐겨 마시는데, 특히 약효가 뛰어나다는 '마운틴 티'는 음료가 아닌 약으로 마신다. 단골가게에서 치즈나 시금치 파이를 사는 사람들도 많다. 점심은 오후 3시쯤 가볍게 먹는데, 점심을

먹은 뒤에는 보통 낮잠(시에스타)을 잔다. 많은 사무실과 상점이 시에스타가 끝난 뒤인 오후 5시나 6시쯤에 다시 문을 연다. 세 끼 중 가장 푸짐하게 먹는 저녁식사는 보통 밤 9시에 시작되며, 밖에 나가 외식을 하기도 한다.

쇼핑은 주로 지역 상점이나 슈퍼마켓에서 한다. 계절제품은 매주 거리에 늘어서는 노천시장에서 조부모나 가족 중 여성이 구입한다. 길거리 신문 판매대인 페리프테로periptero는 밤늦게까지 영업해 이용하기 편리하다. 대량으로 물건을 구매할 때나 일부 옷가게에서는 가격을 흥정할 수 있다.

【일】

그리스에서는 아주 간단한 일을 처리하는 데도 오랜 시간이 걸릴 수 있기 때문에, 일찍 시작하는 것이 좋다. 통계적으로 그리스는 유럽 내에서도 근무시간이 가장 긴 국가 중 하나지만, 주말 근무는 없다. 일^{work}이라는 단어에 해당하는 그리스어는 두 가지가 있다. 그 첫째는 노예 혹은 의무적이고 힘들며 보상 없는 일을 가리키는 둘레이아^{douleiá}고, 나머지 하나는 에르가시아^{ergasía}로 특정한 과제를 수행하기 위해 정신과 육신을 이용한다는 뜻을 담고 있다. 고로 '일하면서 먹는 점심'에서 '일'은 둘레이아가 아닌 에르가시아로 번역해야 옳다.

【 영업시간 】

영업시간은 아테네 안과 밖이 다르고, 계절별, 월별, 주별, 축제기간 등에 따라 다르며, 특히 주말에는 또 달라질 수 있다.

원칙처럼 그리스의 상점들은 보통 오전 9시에 문을 열어 오후 2시에 닫았다가, 오후 6시에 다시 문을 열어 저녁 8시에 문을 닫는다. 모든 상점은 토요일 오후와 일요일에는 문을 닫는다. 관공서의 경우 오전 7시~7시 30분에 문을 연다. 은행은 오전 8시에 문을 열어 오후 2시에 문을 닫고, 우체국은 오전 7시

30분에 문을 열어 오후 2시에 닫지만, 대도시에서는 오후 8시까지 영업하는 곳도 있다. 약국은 개별 영업시간을 가게 앞에 공지해 알려주고 있으며, 휴무인 경우에는 근처 영업 중인 약국을 안내하는 안내문을 붙여 놓는다.

여름이면 더위에 따라 영업시간이 바뀐다. 8월에는 많은 상점들이 문을 닫고, 특히 도시의 경우 상점 주인들이 휴가를 떠나 더욱 그렇다. 과자나 신문같이 잡다한 것은 영업시간이 긴 페리프테로에서 구입할 수 있다. 그리스 상점들은 영업시간이

· 시에스타 법 ·

아, 시에스타, 이 문명적인 풍습은 몸을 편안하게 만들어주고 장수를 누릴 수 있게 해주는 비결이다. 물론, 그리스인들도 시에스타를 즐긴다. 단지 그리스어에는 이 낮잠 시간을 이르는 단어가 없을 뿐이다. '시에스타'라는 단어도 쓰지 않는다. 중요한 것은 오후 3시부터 6시 사이에는 사람들이 낮잠을 자니, 누군가의 집으로 전화하는 일은 반드시 피해야 한다는 것이다. 무더운 여름에는 특히 더욱 그렇다. 일부 사무실은 오후 5시부터 7시까지 시에스타 시간을 갖기도 한다.

계속 바뀌기 때문에, 해당 상점에 영업시간을 확인하는 것이 좋다.

경제적 우선순위

그리스인들이 좋은 차, 집 등 안락한 삶을 선호하고, 경제적인 여유가 없어지는 것을 두려워한다는 것을 보여주는 지표 중 하나로 낮은 출생률을 들 수 있다. 아테네의 한 사회학자는 이를 두고 '민주주의의 텅 빈 요람'이라고 했다. 윗세대는 자녀를 여럿 두는 것을 축복이라고 생각했지만 현대 그리스인들은 자녀는 하나만 혹은 많아야 두 명 정도만 낳는 경향을 보이고 있다. 새롭게 태어난 세대는 쓸쓸하고 외로운 노년을 보내야 할지도 모르겠다. 40대에 꽤 성공을 거둔 한 그리스 여성은 결혼한 뒤 처음에는 남편과 여행을 즐기고 싶었고, 그다음에는 아파트와 교외 별장, 좋은 자동차를 사고 싶었고, 친구들과 더 어울리며 살고 싶었다며, 그렇게 살다보니 아이를 가질 시기를 놓쳤다고 말한다.

　경제 위기를 맞은 그리스인들은 여행비를 줄였고, 최근에는 외식비용도 줄이고 있다. 경제 위기가 터지기 전에는 일주일이면 몇 번씩 외식을 즐겼던 그리스인들이니, 큰 변화를 겪고 있는 셈이다.

은행과 납부

그리스는 다른 EU 가입국과 유사한 은행 서비스를 제공한다. 신용카드가 널리 사용되고 있지만 여전히 현금 거래를 선호하는 상점이 많아, 현금 거래시 10%를 할인해주기도 한다. 은행에 갈 때면 항상 신분증을 챙기고 오랜 시간 대기할 것을 각오하자. 도시는 물론 작은 마을에도 은행이 있고, 대부분은 ATM도 갖추고 있다. 환전소도 많다. 환전소가 없다고 해도 미국 달러나 영국 파운드를 받고 잔돈을 유로로 거슬러주는 가게를 쉽게 찾을 수 있을 것이다.

그리스 은행에 계좌를 개설하는 경우, 최근 그리스에 자본통제가 일어나고 있다는 사실을 염두에 두자. 재정적으로 압박이 심해지면 정부는 언제고 자산을 관리할 수 있다. 이것이 외국인인 당신에게 영향을 미칠 수 있을까? 아마도 아닐 것이

• 체계와의 고투 •

다음은 그리스인들이 관공서에서 흔히 겪는 체험담이다.

　니코스는 IKA(그리스의 국민건강공단)에서 확인서 하나를 받아야 했다. 그리스 민원에도 발전이 있어, 온라인으로도 이 일을 처리할 수 있다고 해서 니코스는 사이트에 가입한 뒤 세부사항을 빠짐없이 입력해 신청서를 작성했다. 제출 버튼을 누르자 컴퓨터 화면에는 '요청이 성공적으로 접수되었습니다'라는 메시지가 떴다. 하지만 곧 화면에 '이 확인서를 받기 위해서는 근처의 IKA 사무실에 직접 내방해 서류를 제출해야 합니다'라는 알림 메시지가 떴다. IKA 사무실은 당일 휴일이라, 니코스는 그다음 날 아침 일찍 IKA를 방문했다. 하지만 공단 직원은 그가 알고 있는 모든 지식이 잘못되었다고 말하며, 그가 처한 난처한 상황에 그 어떤 책임감도 느끼지 않는 것처럼 비협조적으로 나왔다. 몇 번을 구슬리고 나서야 직원은 다른 추가서류를 가져오라고 말해주었다. 니코스는 추가서류를 가져오겠다며, 메일로 필요한 서류 목록을 확인차 보내달라고 요청했다. 그러자 직원은 동요하며 자신은 이런 첨단 기술에 쓸 시간이 없다고 말했다. 그러더니 몇 가지 파일을 입력하고 버튼을 누르더니 '처리되었다'고 말했다. 전광석화처럼 빠른 속도였다. 직원의 방해공작이 필로티모에 무너진 것이다.

다. 하지만 법이 계속해서 바뀌고 있으니 은행 직원에게 자세히 문의하고, 비슷한 경험이 있는 친구에게 자문을 구하자.

해운 사업

정부에 대한 불신과 가족, 바다가 결합된 해운은 그리스인들이 최고의 기량을 발휘해 일하면 어떤 성과를 거둘 수 있는지 보여준다.

그리스인들은 부정기선 해운에서 특히 두각을 드러낸다. 부정기선 해운이란 특별한 일정 없이 칠대양을 돌아다니며 물자를 수송하는 것을 말하며, 그렇기 때문에 매번 새로운 계약을 체결한다. 이런 부정기선들에 적용되는 국제 해양 규정 이외에도 각 항구마다 정해놓은 상세 규정과 국가마다 요구하는 조건이 따로 있어 복잡한 분야다.

물론, 정기선 해운도 있다. 정기선 해운이란 여러 선박을 소유한 회사가 선박의 수명이 다할 때까지 정해진 노선으로 항구 사이를 오가며 물자를 수송하는 것을 말한다. 정기선 해운은 운항 계획뿐 아니라 적용되는 모든 규칙이 정해져 있고, 예측할 수 있으며 관련 국가의 법을 준수한다. 하지만 부정기선 해운은 한 회사를 지정할 수 없다. 한 항구가 닫히면 다른 항구를 이용하고, 특정 나라에 갈 수 없는 경우 다른 선박이 화물을 이어 받는다.

이런 엄청난 임무를 맡기 위해서는 믿을 만하고, 풍부한 경험을 통해 숙련되었으며, 나라별 요구조건을 본능적으로 알고 있는 사람이 필요하다. 그리스의 해운회사는 지구를 한 바퀴 돌만큼 광대한 국제 해양 네트워크를 가지고 있으면서도, 가족이 운영할 수 있을 만큼만 확장하는 경우가 대부분이다. 그리스 해운회사는 기업을 공개하는 법이 없다. 그리스인들에게 이는 마치 가족 일에 낯선 사람을 끌어들이는 것이나 마찬가

지다. 바이런 미카엘리데스^{Vyron Michaelides}는 이렇게 말했다.

"바다의 유명한 천재는 그 어떤 규칙이나 이론적 설명을 뛰어넘
는다. 그리스인 조르바가 '말로는 설명할 수 없고, 춤으로서 설명
하겠다'고 말한 것과 비슷하다. 이 천재는 주류에 반해 항해하고
중요한 시기에 기회를 잡는다. 다른 사람들이 모두 매각할 때 홀
로 매입하고, 다른 사람들이 배를 정박시킬 때 나 홀로 항해에
나선다. 이 천재는 다른 이들은 꿈조차 꾸지 않을 때 새 선박을
발주한다. 그리고 이 천재는 바다는 아프지만 절대 죽지는 않는
다는 그리스식 믿음을 가지고 있다."

(출처: 『A History of Greek-owned Shipping』, Gelina Harlaftis, 1996)

생활수준

임대료가 대폭 하락한 가운데 물가는 안정적인 추세를 보이고
있다. 그리스는 과거에도, 지금도 여행자의 천국이지만, 더 이
상 저렴한 천국은 아니다. 아테네 도심에서는 맨해튼보다 비싼
커피와 음료수, 무알콜 음료를 파는 상점을 심심치 않게 볼 수

있다. 아테네의 클럽, 콘서트 입장권이나 전자기기 가격도 대부분 서유럽 국가의 수도보다 더 비싼 편이다. 또한 중요한 종교 행사를 앞두고는 일시적으로 양, 칠면조, 물고기 등 식료품

• 제대로 즐기며 사는 삶 •

그리스에서 장기 체류한다면 무엇을 얻고 무엇을 잃게 될까? 여기, 같은 질문을 품고 그리스에 왔던 미국 여성이 하나 있다. 그는 UN의 전도유망한 일자리를 포기하고 사랑 하나만을 위해 그리스 행을 택했다. 하지만 얼마 가지 않아 연인과 헤어졌고, 아테네에서 꽤 괜찮은 일자리를 구해 일하기 시작했다. 곧 커리어로 승승장구하는 것은 별로 그리스적인 목표가 아니라는 것을 깨달았다. 그를 그리스에 남게 한 것은 바로 그리스식 라이프스타일이었다. 그는 자신이 지난 두 번의 주말을 어떻게 보냈는지 내게 설명해주었다. 먼저 2주 전 주말에는 친구 세 명과 그리스 서북부의 이오안니나에 비행기를 타고 가서, 산속에 있는 숙소에 묵었다. 밤에 눈이 펑펑 쏟아졌는데, 숙소 주인이 연주하는 현지 타악기 소리에 맞추어 친구들과 함께 눈보라 속으로 뛰어 들어가 춤을 추었다. 돌아오는 길에는 비행편이 모두 취소되어 버스를 여덟 시간이나 타고 아테네로 돌아와야 했다. 그리고 그다음 주말에는 호수로 가서 수영을 즐겼다.

가격이 대폭 상승한다.

가족은 끈끈한 유대관계를 바탕으로 서로 도우며 살고, 경제적으로도 상부상조한다. 앞서 살펴본 것처럼 그리스에서는 30대 자녀가 부모 집에서 함께 사는 경우가 드물지 않다. 게다가 그리스에는 모두가 존재한다는 사실을 뻔히 알고 있지만, 집계할 수는 없는 지하경제가 있다. 정부가 의사, 임대주, 상인 등 자영업자의 경제 상황을 파악하고 추적하기가 쉽지 않은 일이다. 소매업계에서는 등록하지 않고 물물교환을 하기 때문에 이 또한 집계하기 어렵다. 중소기업이 워낙 많고, 여기에 능력이 아닌 인간관계를 바탕으로 사람을 고용하는 그리스만의 분위기가 더해져, 통계 수치도 그리스 경제의 실체를 담아내지 못하고 있다. 아마 통계와 실제 사이의 간극은 매우 클 것이다.

또 한 가지 유념해야 할 것은 그리스인들은 삶을 즐기며 살길 지향한다는 것이다. 16세기 그리스 속담 중에 이런 것이 있다. (노래처럼 들리기도 한다) "그리스인처럼 먹고, 그리스인처럼 바다에 나가고, 그리스인처럼 자고, 그리스인처럼 칼을 들어라."

【 세대 간의 갈등 】

경제 위기로 인해 그리스에서는 보기 드물게 세대 갈등이 심화되고 있다. 보통 시위에 나와서 불평불만을 쏟아내는 사람들은 40대 이상이다. 과거와 현재의 급격한 변화를 온몸으로 체험한 세대인 그들은 노후에 받아야 할 연금이 줄어들고 있다는 것이 큰 불만이다. 그보다 젊은 세대는 사실 흰 도화지를 바라보고 있는 것이나 다름없다. 불평불만을 토로할 시간도 없는 이 젊은 세대는 정부가 더 이상 예전처럼 일자리를 마구 뿌리지 않는다는 사실과 이제는 자신들이 알아서 살 길을 찾아야 한다는 사실을 현실로 받아들이고 있다.

그리스인들이 경제적으로 걱정하지 않아도 되는 것이 있다면 바로 집 문제다. 많은 사람들이 윗세대에게 집을 물려받는데다, 집값도 거의 바닥이라 내 집 마련을 위해 장기적으로 계획을 세우는 사람은 거의 없다.

부유층과 빈곤층

그리스에 빈곤층이 늘고 있다. 눅눅한 지하방에 살거나, 작고

컴컴한 아파트에 살며 탄수화물 위주의 건강하지 않은 식단으로 연명하는 사람들이 늘고 있는 것이다. 반면 갑작스럽게 벼락부자가 된 사람들도 있다. EU의 기금이 원래 계획대로 제대로 쓰이지 않고 개인의 주머니에 들어가는 바람에 부자가 된 사람도 있고, 건물을 몇 채 복원하고 반짝반짝 광택이 나는 책자를 만든다는 명목으로 정부와 계약을 체결하고 말도 안 되게 많은 돈을 타낸 사람들도 있다.

이런 부정부패는 그리스 사회당 정부의 핵심 특징이라고 할 수 있을 것이다. 어쩌면 가장 큰 비극은 그리스인들이 자신의 탁월한 재능을 발휘하지 못하고 부패일로를 걸은 무능력에서 온 것인지 모른다. 이에 절망한 많은 그리스인들이 해외로 떠나, 전문직으로 승승장구하고 있다.

06

여가생활

그리스인들은 세상의 중요한 일과 아무것도 아닌 일, 모든 것에 대해 수다를 즐긴다. 수다를 통해 서로에 대해 알아가고, 돌아가는 세상에 대해 이야기를 나누며 세상에 익숙해지고 또 불안했던 마음을 진정시킨다. 토론을 좋아하고, 세상사나 역사적 사건에 대한 생각을 열렬히 토론하고 싶은 사람이라면 그리스에 제대로 찾아온 것이다.

그리스인들은 차분하고 여유 있는 태도로 삶을 살면서도, 종종 공공장소에서 놀라울 만큼 무례한 모습을 보이기도 한다. 또 사교적이고 달변이며 표현에 능하다. 다른 사람과 대화할 때는 서로 말하려고 상대의 말을 막기도 하고, 말하면서는 다채로운 손동작, 몸동작을 취하고 크게 웃음을 터뜨린다. 큰 소리로 대화하는 것이 꼭 싸우는 것같이 들릴 수도 있지만, 그리스인들은 기분 좋은 논쟁을 벌일 때도 언성을 높이니 당황하지 말자. 또 그리스인들은 짓궂게 상대를 놀리는 것도 즐긴다. 다른 나라에서 술에 취한 다음에야 볼 수 있는 왁자지껄하고 활기찬 분위기가 일상이기 때문에, 외국에 나가면 이를 그리워하며 옆 자리에 있어줄 친구를 찾는다. 참고로 그리스인들은 술을 마시지 않고도 경직된 분위기와 긴장을 푸는 데 탁월한 능력을 가지고 있다.

파레아, 친한 친구 무리

그리스인에겐 어머니와 아버지, 할머니와 할아버지, 그리고 파레아paréa가 있다. 그리스에 잘 정착했는지는 파레아를 찾았는지에 달려 있다고 해도 과언이 아니다. 파레아는 유년시절부터 죽을 때까지 가는 친구 집단으로, 그리스 내 사회생활의 근간을 이룬다. 태어나면서 주어지는 가족 이외에, 개인이 직접 선택하는 가족인 것이다.

당연하게도 많은 그리스인들은 좋은 파레아를 만들거나 가지고 싶어 한다. 파레아는 편안하고 재미있게 대화하고, 서로 도와주면서 가정의 테두리 밖에서도 즐거운 시간을 보낸다. 함께 클럽에 가는 것은 파레아가 전통적으로 즐기는 일이 아니다. 파레아는 술에 취하지 않아도, 마약을 하지 않아도 즐거운 시간을 보낸다. 만나는 주기는 다양한데, 매주 한 번은 꼭 만나는 파레아도 있고, 일 년에 한 번 보는 파레아도 있다. 이들은 휴가를 함께 가거나 명절에 모이거나, 편안한 저녁시간을 함께하며, 멀리 떨어지면 항상 서로 그리워한다.

그리스 음식

그리스 음식에는 계절에 따라 달라지는 제철음식이 많다. 그리스 음식의 주요한 특징은 단순함이다. 고기와 생선을 굽거나

오븐에 구워 감자나 파스타를 곁들이고, 올리브오일과 레몬, 각종 허브를 뿌리는 요리처럼, 보기만 해도 그 원재료를 알 수 있는 단순한 음식들이 대부분이다.

그리스인들이 '오일'이라고 하면, 이는 올리브오일을 가리킨다. 그리스는 세계 최고 품질의 올리브를 생산하며, 거의 모든 요리에 아낌없이 올리브오일을 사용한다. 그리스인들은 토마토와 페타 치즈, 올리브, 양파, 각종 야채를 넣고 올리브오일을 두른 샐러드를 사랑한다. 매끼 빵을 먹는데, 맛있는 딥을 빵에 발라 먹는다.

레몬도 거의 모든 요리에 기본적으로 사용하는 재료 중 하나로, 소금을 대신하기도 한다. 계란과 고기 육수에 레몬을 섞으면 아주 맛있는 수프, 아브골레모노^{avgolemono}가 완성된다. 또다른 주요 요리로 케프테^{kefté}라는 미트볼 요리를 들 수 있다. 종종 고기 대신 애호박이나 생선을 넣어 만들어 먹기도 한다. 또한 다양한 피타와 필로 페이스트리(얇은 반죽을 여러 겹 포개 만든 파이의 일종)가 있으니 꼭 먹어보도록 하자. 포도잎에 가지, 애호박, 후추를 넣고 싸서 오븐에 굽거나 천천히 조리한 음식도 별미다. 그리고 마지막으로 호르타^{hórta}가 있다. 그리스인들은 서구 사회에서 점차 그 영양학적 가치를 인정받고 있는 이 야생 식물, 호르타를 살짝 데친 후 올리브오일과 레몬즙을 뿌려 먹는다. 페타 치즈 한 조각을 곁들여 먹기도 한다.

오스만제국 요리부터 천천히 조리하는 매운 맛이 강한 발칸식 스튜에 이르기까지 그리스 요리에는 이국적인 요소가 많이 반영되어 있다. 하지만 험준한 산맥 때문에 지역 간 왕래가 어려웠던 까닭에 지역별 음식은 각기 다른 나라 음식의 영향을 받아, 뚜렷한 개성을 보인다. 일례로 이오니아해의 섬에서는 베네치아와 이탈리아 풍 음식을 맛볼 수 있고, 테살로니키, 마케도니아, 아나톨리아 출신이 모여 사는 곳에서는 향이 좋고

풍부한 이스탄불식 요리를 맛볼 수 있다. 패스트푸드도 많지만, 그보다는 전통적인 길거리 음식인 수블라키^{souvláki}(납작한 빵에 구운 고기와 양파, 토마토, 차스키 소스를 넣고 말아 만든 그리스식 샌드위치)가 더 인기가 많다.

타베르나, 레스토랑, 커피숍

그 사회가 시민들의 요구사항을 만족시킬 다양한 기회를 얼마나 잘 제공하고 있느냐는 시민사회를 판단하는 기준이 된다. 그 점에서 그리스는 음식과 대화에 굶주린 사람들이 그 허기를 채울 수 있는 장소를 제공하는 데 탁월한 능력을 발휘하고 있다고 할 수 있다.

한 가지 재미있는 사실은 영국에 처음 커피를 들여간 사람이 바로 크레타 사람이라는 것이다. 1648년, 옥스퍼드 대학교에서 유학하던 사모스섬 출신인 코노피오스^{Conopios}는 학교 안에서 커피를 끓여 마셨고, 이게 퍼져 파스칼리스 로지^{Paschalis Rosée}가 런던에 최초로 커피하우스를 열었다. 곧 더 많은 그리스 출신들이 런던에 커피하우스를 열었다.

　이들은 술에 취해 싸우고 뻗어버리는 술집과는 달리, 뜨거운 음료를 마시면서, 정신이 바짝 든 상태에서 서로 토론하는 장소로 커피하우스를 운영했고, 커피하우스는 훗날 영국에서 일어난 지적 혁명과 신문의 부상에 기반이 되었다. 커피는 세계를 더 명확하게 바라보게 해주지만, 맥주는 그 시야를 흐리게 만든다.

　그리스의 커피하우스, 즉 카페네이온kafeneion은 여전히 남자들이 모이는 장소다. 야외에 놓은 테이블에 남자들이 삼삼오오 모여 앉아, 정치와 지역에서 일어난 사건에 대해 이야기를 나누고 카드게임을 하고, 주사위 놀이인 타블리távli를 즐기거

나 묵주를 돌리거나 커피를 마신다. (외국인) 여성이 카페네이온을 찾는다면 정중하고 깍듯한 대접을 받을 것이다.

타베르나Tavernas는 먹고 마실 수 있는 가게를 말한다. 보통

· 팁 문화 ·

보통 레스토랑에서는 봉사료가 청구서에 포함되어 있고, 팁을 바라는 사람도 없다. 특별히 만족스러운 서비스를 받아 감사의 의미로 팁을 주고 싶다면 거스름돈을 남기고 일어나면 된다. 그리스 친구와 함께 레스토랑에 가서 팁을 주려 하면, 친구가 팁이 이미 포함되어 있고 줄 필요도 없다고 말해줄 것이다. 관광지에서 벗어난 도시 외곽에서 팁을 주려 하면 가게 주인이 잔돈을 챙기는 것을 깜빡했다고 생각해서 돈을 다시 돌려줄지도 모른다.

지위에 상관없이 모든 직장인들이 회사의 구내식당처럼 찾아 점심 한 끼를 해결한다. 저녁에만 여는 타베르나도 있는데, 이런 경우 직장인뿐 아니라 다양한 사람들이 찾는다. 타베르나에서는 아주 오랜 세월 동안 변함없이 한결같은 분위기를 즐길 수 있다.

레스토랑 estiatorío (에스티아토리오)에  서는 유럽 대륙식 요리와 그리스 전통 음식을 같이 즐길 수 있다. 대부분 도심에 위치해 있으며, 타

베르나보다 가격이 비싸다.

그리스의 가족과 연인들은 토요일 저녁이나 일요일 점심에 외식을 즐긴다. 보통 타베르나같이 격식을 차리지 않아도 되는 장소를 선호하며, 아이들이 있는 경우 정원이 딸린 곳을 더 선호한다. 정원이 있으면 아이들이 뛰어놀 수 있는 것은 물론, 어른들도 탁 트인 정경을 즐길 수 있기 때문이다.

빠뜨리면 섭섭한 수블라치디코souvlatzídiko도 있다. 보통 길거리 음식인 지로와 케밥을 파는 가판이지만, 테이블을 둔 곳도 있다. 마지막으로 패스트푸드도 있으니, 모두 모두 맛있게, 많이 드시길!

그리스에도 프랑스의 파티세리에 해당하는 디저트집이 있다. 자하로플라스테이온zaharoplasteíon이라고 부르는 케이크집의 유리진열장에는 보기만 해도 눈이 즐거워지는 달콤한 케이크가 가득하다. 테이블을 둔 곳도 많아 아이들이 간식을 먹거나 여성들이 사교생활을 즐기는 장소로도 많이 쓰인다. 남자들끼리 앉은 경우에는 함께 바깥쪽을 보며 지나가는 사람들을 구경하는 경우가 대부분이지만 여자들은 전통적으로 둥그렇게 모여 앉아 더 친밀한 이야기를 나눈다.

수다 또 수다

그리스인들은 세상의 중요한 일과 아무것도 아닌 일, 모든 것에 대해 수다를 즐긴다. 이들은 수다를 통해 서로에 대해 알아가고, 돌아가는 세상에 대해 이야기를 나누며 세상에 익숙해지고 또 불안했던 마음을 진정시킨다. 정치에 대한 수다는 일상의 일부분이 된 지 오래다. 토론을 좋아하고, 세상사나 역사적 사건에 대한 생각을 열렬히 토의하고 싶은 사람이라면 그리스에 제대로 찾아온 것이다.

흡연

그리스는 세계에서도 담배 를 가장 많이 피우는 국가 중 하나로, 세계 흡연 리그 에서 상위 20위권에 랭크되 어 있다. 그리스가 좋아서 자주 찾는다는 비흡연자 하 나는 자신이 이토록 그리스 에 자주 오는 이유는 간접

흡연에 중독되었기 때문이라고 우스갯소리를 했다.

쇼핑

그리스에서는 다양한 제품을 살 수 있다. 평소 아이쇼핑을 즐 긴다면 아테네 시내에 위치한 콜로나키kolonáki 또는 눈길을 사 로잡는 물건들이 가득한 작은 부티크들이 즐비한 패션 거리로 가자. 안타깝게도 경제위기 탓에 폐업한 상점들이 눈에 많이

떨 것이다. 하지만 여전히 의류와 가죽 제품을 팔며 손님과 흥정하는 골목이 건재하고, 아테네 밖으로 나가면 환하게 불빛을 비추는 유리 건물들도 많다.

그리스의 특산품으로는 독창적인 도기와 성화, 은제품, 신발, 마케도니아의 모피를 들 수 있다. 여행 중 그리스 시골에 가게 된다면 지역 특산 와인과 퍼미스로 만든 그리스식 슈냅스인 치푸로tsípouro, 살라미, 치즈, 올리브오일, 요구르트, 꿀, 과일 조림 등을 맛보며 미식을 즐겨보는 것도 좋다.

연극과 영화

그리스인들은 연극과 영화를 사랑하는 것으로 유명하다. 수백 개에 이르는 전문 또는 아마추어 극단이 그리스 전역에서 에우리피데스부터 입센, 현대 그리스 연극까지 다양한 작품을 공연하고 있다. 아름다운 바다를 배경으로 하고, 그 역사가 2500년에 이르는 오래된 극장에서 고대 연극을 볼 수 있다는 것도 그리스에서만 누릴 수 있는 특권이다. 특히 에피다우로스나 파르테논 신전 아래에 위치한 헤로데스 아티쿠스 극장에서 이런 연극을 즐길 수 있다.

그리스 영화는 그리스 영화의 거장, 테오 앙겔로풀로스와 미칼리스 카코야니스^{Michalis Cacoyannis}의 작품으로 유명하다. 그리스 최초의 장편 영화는 1914년, 아크라타 지방에서 쓰이고 공연되었던 (여전히) 유명한 연극 〈골포^{Golfo}〉를 바탕으로 제작했다. 그리스 영화는 1950년대부터 1970년대 초까지 황금기를 누렸고, 이 시기 수백 편의 영화가 만들어졌다.

남녀 간의 오해와 상처를 주요 내용으로 하는 신파극은 얼마 지나지 않아 사람들의 뇌리 속에서 잊혔지만, 코미디 영화는 아직도 TV에서 방영되거나 DVD로 팔리고 있다. 진정 그

리스적이라고 할 수 있는 이 코미디 영화에서 배우들은 애드리브로 재치를 빛냈다. 대부분의 인기 코미디 영화 OST는 히트곡을 두어 개씩 배출했다. 프랑스 TV 채널인 카날플뤼스 Canal+는 그 시절 그리스 영화를 엄선, 편집하고 방송해 재건축 붐으로 콘크리트로 뒤덮이기 전, 아테네의 모습을 다시 한번 보여주었다. 그리스 영화는 이웃나라 이탈리아처럼 사회 사실주의 실험을 하지 않았는데, 이는 아마도 그리스의 정치 상황 때문이었을 것이다.

테살로니키에서 매년 11월에 개최되는 테살로니키 국제 영화제는 권위 있는 영화제로 전 세계의 인정을 받고 있으며, 동남부 유럽의 영화를 집중 소개해 높은 평가를 받고 있다. 1960년 그리스 영화제로 출발해 1992년부터 국제 영화제로 개최되기 시작했다.

박물관

그리스의 박물관은 대부분 고고학을 주제로 하지만, 아테네와 테살로니키에는 비잔티움 예술과 도상학을 살펴볼 수 있는 중요한 미술관도 있다.

【 국립 고고학 박물관 】

국립 고고학 박물관The National Archaeological Museum은 전 세계에서 고대 그리스의 문화재를 가장 많이 보유하고 있는 박물관으로, 그리스에서 가장 중요한 고고학 박물관이다. 아테네에 왔다면 반드시 가봐야 할 필수 코스다.

【국립 미술관】

아테네에 위치한 국립 미술관^{The National Art Gallery and Alexandros Soutzos} ^{Museum}은 그리스와 서유럽 예술사에서 그 중요성을 인정받는 컬렉션을 다수 소장하고 있으며 뛰어난 전시회를 열고 있다.

【베나키 박물관】

베나키 박물관^{Benaki Museum}은 더 이상 그리스에 살지 않는 부유한 기부자가 조국에 뛰어난 예술품을 기증해 만든 박물관의 좋은 예다. 신고전주의 양식인 박물관 건물도 기부자인 베나키 가족 소유의 저택이다. 영국 면직물 무역의 3분의 1을 독차

지할 만큼 면직물 사업으로 큰 성공을 거두었던 베나키 가족은 1931년, 대대로 수집해온 미술품들을 기증해 박물관을 개관했다. 베나키 박물관은 그리스 직물, 미술품, 유물까지 다양한 작품을 전시하고 있다. 박물관 내 카페테리아에서는 또 다른 부유한 상인, 자파스가 기증한 자피온 공원을 내려다보며 잠시 휴식을 취할 수 있다.

【 브렐리스 박물관 】

이오안니나에서 남쪽으로 12km 떨어진 곳에 위치한 브렐리스 박물관Vrellis Museum은 오스만제국 시대부터 그리스 독립전쟁 시대의 인물들을 밀랍인형으로 만들어 전시하고 있다. 18세기 요새 스타일인 박물관 건물도 인상적이다.

【 해양 박물관 】

3000년에 달하는 그리스의 해운 역사를 보여주는 해양 박물관The Merchant Maritime Museum은 피레에프스에 위치하고 있으며, 도서관도 보유하고 있다.

【 화이트 타워 】

테살로니키의 해안가에 위치한 화이트 타워The Lefkos Pyrgos는 15세기 세워진 도성의 일부로, 지금은 중세 시대의 유물을 전시하는 박물관으로 쓰이고 있다.

테르마이코스만을 따라 난 테살로니키에는 로마, 비잔티움, 오스만제국 등 다양한 스타일의 건축물이 있어 볼거리가 많다. 테살로니키는 로마와 콘스탄티노플(이스탄불)의 작은 여동생 같은 도시다.

【 스타브로스 니아코스 재단 문화센터 】

유명 건축가 렌조 피아노가 설계한 아테네의 새로운 랜드마크, 스타브로스 니아코스 재단 문화센터Stavros Niarchos Cultural Center는 잔잔한 호수 옆에 우뚝 솟아, 기원전 480년 테미스토클레스가 이끈 아테네 해군이 페르시아 함대를 격파했던 사로니코스만을 내려다보고 있다. 이 센터에는 국립 오페라하우스와 국립 도서관이 들어서 있으며, 연중 다양한 문화 행사가 열린다. 커다란 정원에는 향기로운 토착 식물이 자라고 있다. 스타브로스 니아코스 재단 문화센터는 부근에 새롭게 개관한 현대미술관Museum of Contemporary Art과 함께 그리스의 문화생활에 새로운 활기를 불어넣고 있다.

유적지

그리스는 그 영토 전체가 이미 발굴된 유적지와 아직 발굴되지 않은 유적지로 나뉠 정도로 유적, 유물이 많이 매장되어 있다. '땅을 파라 그러면 찾을 것이다'라고 말할 수 있을 정도다. 모든 서양·중동 박물관들이 많건 적건 그리스 유물을 소장하고 있을 정도로 그 양도 방대하다.

여기서 질문 하나, 과거를 보존하는 것과 현재를 사는 것을 나누는 기준은 무엇일까? 그리스 정부가 영토 전체를 고고학 지역으로 나누고 각지에 고고학 부처를 두고 있다는 사실을 아는 사람은 거의 없다. 만약 담당자가 한 지역을 유적지로 점찍으면, 단지 점찍었다는 이유만으로 그 지역에 진행되던 모든 공사와 개발이 중단되고 그 땅에는 건축물을 세울 수도, 농사를 지을 수도 없게 된다. 고고학자들이 최종 결정을 내리기까지, 그 땅은 최고 몇 십 년까지도 놀아야 한다. 이렇게 엄격한 법 때문에 토지 소유주들이 자신의 땅이 '중성화'되는 것을 막기 위해 많은 유적지와 유물을 고의로 훼손한 것도 어찌 보면 당연한 일이다.

파르테논 신전

파르테논 신전은 부유한 해운 가문에서 태어나 뛰어난 예술적 재능을 발휘했던 페리클레스의 총감독하에 완성되었다. 2500년 전에 세워졌음에도, 건축물의 가로 세로가 황금비를 이루고 지붕을 지탱하는 조각 프리즈가 여전히 빛을 받아 반짝이는 이 신전은 그야말로 건축학적 경이라고 말할 수 있다. 1580년쯤, 펠로폰네소스 출신으로 저자이자 역사가였던 테오도로스 지고말라스Theódoros Zygomalas는 독일의 마틴 크라우스에게 "파르테논 신전의 조각들은 그리스의 역사를 보여준다"라고 말하며 페르테논 신전의 아름다움을 극찬했다.

　어쩌면 아크로폴리스에서 가장 조화로운 건축물은 파르테논의 북쪽에 있는 이오니아식 신전인 에레크테이온일 것이다. 고대 신화에 따르면 이 도시가 생길 때 아테나와 포세이돈이 모두 이 도시의 수호자가 되고자 했는데, 둘 다 한 발짝도 물러서지 않자 시민들이 모여 투표를 하게 되었다. 지혜의 여신, 아테나는 땅을 쳐서 올리브나무를 자라게 해 시민들에게 선물했고, 포세이돈은 멋진 전쟁용 말을 선물했다. 시민들은 지혜와 올리브나무를 선택했고, 아테나의 이름을 따라 도시 이름을 아테네로 지었다고 한다.

교회와 수도원

그리스 관광안내소에 있는 안내기계를 보면 비잔티움 기독교 유산이 빠져 있는 것을 볼 수 있다. 성 바울이 전국을 종횡무진하며 전도했고 아크로폴리스 아래서 설교할 만큼 유서 깊은 기독교 유산을 가진 나라이기에 좀 이상하게 느껴진다. 어쩌면 현지 주민들의 일상에 종교가 커다란 부분을 차지하고 있기 때문에 일부러 기독교 유산을 관광지로 안내하지 않는 것인지도 모른다. 교회 안에 가이드를 따라 돌아다니는 관광객 인파가 넘쳐나는 것은 신자로서 별로 달갑지 않은 일임은 분명하니 말이다. 어쩌면 이탈리아 교회와는 달리 그리스 교회에는 그 예술의 중점에 있다고 여겨지는 예술계 거장이 없어서일지도 모른다.

한 그리스 정교회의 대수도원장이 말한 바 있듯 정교회는 기독교 교리보다는 그 심장을 따른다지만, 그리스에서 당신에게 그리스 정교를 전도하고 삶을 새롭게 살 것을 권유하는 사람은 만날 수 없을 것이다. 그리스 사람들은 전도에는 별 관심이 없다. 대개 태어나자마자 침례를 받고 그게 끝이라 정교회 안에서 '다시 태어나는 것'을 선택하는 개념 자체가 없다.

어떤 면에서 그리스 정교회는 사람들의 감각을 유혹함으로써 돌아간다고 할 수 있을 것이다. 예배 도중에 듣기 좋은 노래가 흐르고, 기분을 좋게 만드는 향을 피우며, 성찬시 마시는 와인은 달콤하고 성화는 마음을 흔든다는 점에서 그렇다.

자, 이제는 수도원에 대해 알아볼 차례다. 그리스의 수도원은 모두 세속과는 단절된 외딴 곳에 위치하며, 메테오라같이 난공불락의 요새 같은 곳도 있다. 생전에 수도사로서 아토스 산에서 금욕을 실천하며 살았고, 세상을 떠난 다음 성자가 된 파이시오스Paisios는 순례차 수도원을 찾은 어린 남학생들에게 이런 환영인사를 했다고 한다. "신을 만나고자 이 거룩한 산을 찾은 신도들은 똥 위에 앉으면 파리가 되고, 꽃 위에 앉으면 나비가 된다."

1990년대 이후에는 젊은 수녀들이 버려진 수도원을 개조해 연 수녀원이 늘었다. 이런 수도원과 수녀원에서 만든 제품들이 꽤 인기를 얻고 있다. 수도원과 수녀원을 방문할 때에는 적절한 복장을 갖추어야 한다. 짧은 치마나 바지, 민소매는 피하고 긴 바지와 치마, 팔을 다 덮는 상의를 입자.

종교 시설 중에는 기적 같은 성화나 수호성인의 사체를 보존해 수많은 순례자가 찾는 곳도 있다. 대표적으로 티노스섬에 위치한 치유의 기적으로 유명한 파나지아Panagia(성모 마리아 성화)를 들 수 있다. 매년 8월이면 몸이 불편한 수많은 신도들과, 신부님에게 대도를 받고자 하는 신도들이 이곳을 찾는다.

조금 더 특별한 종교행사도 있다. 매해 5월 21일, 테살로니키 외곽의 란가다스Langadas는 성 콘스탄틴과 헬레네 축일을 지낸다. 사람들은 며칠씩 함께 기도하다가 자신의 믿음을 표현하기 위해 잿불 위를 걷는데 놀랍게도 데지 않는다.

노천시장

거리에 열리는 노천시장은 오감을 자극하는 것들로 가득하다. 그리스 전역에 지정 거리에서 매주, 혹은 2주에 한 번씩 야채 시장이 선다. 이 시장이 서면 거리의 일반 상점들은 모두 문을 닫고, 거리에 저렴한 가격으로 신선한 제철 식재료를 파는 가판이 들어선다. 며칠 동안 먹을 식재료를 구입하는 사람들로 북적이는 가판을 보고 있노라면, 온 동네 사람들이 다 온 것 같은 느낌이 든다. 산지의 생산자들이 나와 자기 제품에 대한 자부심을 가지고 광고하는 모습도 쉽게 볼 수 있다.

시골 그리고 엑소히코

1970년대까지 그리스는 농경사회였지만, 이후 도시화가 급속히 진행되면서 많은 사람들이 정든 고향을 뒤로 하고 도시(대부분 아테네)로 이주했다. 오늘날, 많은 그리스인들은 도시에 살면서도 고향과의 끈을 놓지 않고, 연중 일정 기간을 시골로 내려가 보낸다. 아테네에 거주하고 있는 사람 중 50만여 명은 유권자 등록이 시골이나 섬으로 되어 있어, 선거일이 되면 투표를 하기 위해 해당 지역에 다녀오기도 한다. 사실 도시에 살며 시골을 드나드는 풍습은 수백 년의 역사를 가지고 있고, 그리스인들에게는 아주 자연스러운 일이다.

시골집을 엑소히코exohikó라고 부른다. 이런 집은 아테네에서 차로 머지않은 곳이나 주말에 쉽게 갈 수 있는 곳에 마련하는 게 대부분이다. 편한 것을 선호하는 그리스인들은 보통 휴가도 그리스 안에서 보내고 외국 여행은 몇 년에 한 번 갈까 말까이기 때문에, 시골 별장으로 쓸 엑소히코가 더욱 필요하다. 엑소히코의 연간 대여비는 무척 저렴하기 때문에 꼭 살 필요가 없다. 필요한 경우 꼼꼼히 조사해보자. 1년 단위로 임대해서 내가 안 쓸 때는 친구에게 빌려줄 수도 있다. 계약 조건에 따라 전기세와 지방 부동산세를 추가 부담해야 할 수도 있다.

스포츠

국제 스포츠대회에서 그리스가 점차 강세를 보이고 있는 데서 현재 그리스에 스포츠 열풍이 불고 있음을 알 수 있다. 그리스 팀은 농구, 배구 종목에서 종종 준준결승이나 결승까지 진출하고, 특히 그레코로만형 레슬링과 역도에 강세를 보인다. 일상 속에서 그리스 사람들은 수구, 다이빙, 스노클링, 윈드서핑을 즐긴다.

하지만 그리스인들이 최고로 사랑하는 스포츠는 다름 아닌 축구다. 전 세계를 놀라게 하는 데 탁월한 그리스답게, 리그 중 하위권이었던 그리스 국가대표팀은 2004년에 열린 UEFA 유로 2004에서 축구 강국들을 물리치고 우승을 거머쥐었다.

그리스는 스키부터 하이킹, 등산, 다이빙, 세일링 등 운동을 좋아하는 사람이라면 즐길 것이 가득한 운동 천국이다. 하지만 이 사실을 모르는 외국인이 태반이다. 이는 마케팅을 제대로 하지 않았기 때문이다. 한편 그리스인들은 미식축구와 럭비는 좋아하지 않는다. 코르푸에는 자체 크리켓 리그가 있다.

올림픽

2004년은 여러모로 그리스에게 잊지 못할 해였다. UEFA 유로 2004에서 우승을 차지하기도 했지만 올림픽의 발상지로서 올림픽을 재유치한 해이기도 하기 때문이다. 그리스는 현대 올림픽 개최국 중에서 가장 작은 나라지만, 올림위원회에 따르면 가장 적은 비용으로 가장 성공적인 대회를 치러냈다. 아테네 올림픽 참가국(202개국), 선수, 자원봉사자 수는 물론 올림픽을 보고자 그리스를 찾은 관중 수도 역대 최고를 기록했고, 선수들에게 배포한 무료 콘돔 수도 최고치를 경신했다.

9·11 테러 이후라 안전문제가 큰 걱정거리였지만, 올림픽 동안 일어난 사건 사고 수는 단 20건에 불과했고 그마저도 모두 별것 아니었다. 세계 언론들은 특종을 찾기 위해 안달이었지만 결국은 기삿거리를 찾기 포기하고 그리스에 성공적인 올림픽 개최를 축하하는 인사를 건넸다. 올림픽 초반 의구심을 가졌던 것에 대해 그리스어로 사과를 한 언론도 있다.

그리스는 올림픽 도중 '문화 올림피아드'라는 이름 아래 다양한 문화행사도 성공적으로 열었다. 또한 향후 올림픽 기간 중에는 일체의 적대행위를 중단하는 올림픽 휴전을 실시하자고 UN과 세계 지도자들을 설득하는 데도 성공했다. 올림픽 휴전 결의는 아직 시행되지 않았지만 이를 위해 계속 노력하고 있어 곧 결실을 볼 것으로 예상된다.

한편 아테네 올림픽도 도핑 스캔들을 비켜가지는 못했다. 육상선수 두 명과 그들의 트레이너는 도핑 테스트를 받지 않겠다며 말도 안 되는 별명을 늘어놓았다. 그리스는 스포츠에서의 도핑을 금지하자는 전 세계적 캠페인을 시작해, 운동의 목적은 일등이 아니며 운동 그 자체가 심신에 유익한 활동이라는 것을 다시 한번 강조했다.

아테네 올림픽에서 사람들의 가슴을 가장 뛰게 만든 종목으로 마라톤과 투포환을 들 수 있다. 아테네 올림픽에서 마라톤 선수들은 고대 올림픽의 마라톤 루트를 따라 달렸고, 투포환 선수들은 1411년 만에 고대 올림픽 경기장이었던 올림피아에서 다시 투포환 경기를 치러 감동을 선사했다. 그리스가 아니면 그 어떤 나라에서도 재현할 수 없는 장면이다. 다른 점이 있다면 여성이 경기 참가는 물론 참관도 금지되었던 과거와는 달리, 2004년 올림픽에서는 여성들이 두루 활약을 펼쳤다는 것이다.

가슴 아픈 장면도 있었다. 큰 키, 건장한 체격의 국가정보보안 담당자였던 FBI 출신 경찰관 스타브로스 스클라보스는

아테네 올림픽 당시, 자피온 공원에 있는 프레스 센터에서 근무했다. 스클라보스는 올림피아 근처에 작은 마을에서 자랐는데 근무 때문에 고향에서 열린 경기를 볼 수 없었다. 인터뷰 도중 자신의 고향에 경의를 느낀다며, 자신이 어린 시절을 보낸 올림피아에서 다시 올림픽이 열리는데 그것을 볼 수 없어 정말 안타깝다는 이야기를 하다 감정이 북받쳐 눈물을 보였다.

당시 그리스의 국방장관을 맡고 있던 스필리오토풀로스는 고대에 수많은 관중들이 경기를 관람했던 스타디움의 아치를 지나 경기장 안으로 들어설 때 발밑이 흔들리는 것 같은 진동을 느꼈다고 말했다. 물론 이 장면은 그리스인뿐 아니라 그날, 그 자리에 있는 행운을 누렸던 세계인에게도 똑같은 감동을 주었다.

마지막으로 그리스는 이 올림픽에 비용을 얼마나 들였을까? 그리스는 아테네 올림픽에 보안 비용 12억 유로를 포함, 총 70억 유로를 지출했다. 그리스 정부는 이 비용을 인프라와 국가, 그리고 지역에 대한 투자로 봐야 한다고 말했다.

07

여행, 건강, 안전

그리스는 험준한 산맥이 영토를 나누고 있어, 전 국토를 아우르는 도로와 철도망을 종합적 으로 구축하는 것은 거의 불가능에 가깝다. 동서 간 이동하려면 여전히 많이 돌아가야 하지만, 신규 고속도로와 터널, 다리가 건설되면서 이동 시간이 점차 단축되고 있다.

그리스는 험준한 산맥이 영토를 나누고 있어, 전 국토를 아우르는 도로와 철도망을 종합적으로 구축하는 것은 거의 불가능에 가깝다. 동서 간에 이동하려면 여전히 많이 돌아가야 하지만, 신규 고속도로와 터널, 다리가 건설되면서 이동 시간이 점차 단축되고 있다.

버스

그리스는 대형 항구부터 염소를 키우는 작은 마을까지 버스로 구석구석 촘촘히 연결되어 있다. 도시를 잇는 버스는 KTEL이 운영하고 있다. 표를 사려면 30분 정도 일찍 도착하자. 표에는 지정 좌석번호가 쓰여 있어, 탑승 후 지정 좌석에 앉으면 된다. 오늘날 버스에는 에어컨이 설치되어 있고 냉난방이 잘 되어 여름에는 지나치게 춥거나, 겨울에는 지나치게 더울 수 있다. 신체의 일부에 냉난풍이 집중되는 바람에 더 괴로운 경우도 있다. 이럴 때를 대비해서 작은 수건을 들고 다니다가, 집중적으로 바람이 오는 부위에 수건을 올려놓거나 에어컨 통풍구를 막으면 도움이 될 것이다.

택시

그리스 택시기사들은 다른 여느 나라의 택시기사들과 비슷하다고 생각하면 된다. 물론 칭찬은 아니다. 하지만 그리스어를 할 줄 알고, 어딜 가야 하는지 정확하게 알고 있다면 택시기사에게서 유용한 정보를 얻을 수도 있을 것이다.

한 가지 유의해야 할 점은 그리스에서는 합승이 흔하게 일어난다는 것이다. 승객이 몰리는 시간에 택시기사들은 목적지 방향이 같은 손님들을 함께 태운다. 길거리에서 택시를 잡는 사람들도 이미 손님을 태운 택시를 향해 손을 흔들며 목적지를 외친다. 너무 이상하게만 생각하지 말자. 종종 당신도 그렇게 목적지를 외치면서 택시를 세우게 될 것이다. 그리고 부끄러움은 택시를 잡는 데 하등의 도움이 되질 않으니 부끄러움 같은 것은 버리도록 하자. 하루 중 특정 시간대에 정차해 있는 빈 택시들은 예약을 받아 승객을 기다리고 있거나 교대를 위해 대기하고 있는 차들이다.

택시는 오전 6시부터 자정까지 적용되는 요금과 자정부터 오전 6시까지 적용되는 요금이 다르다. 법으로 요금과 부대비용은 조수석 앞에 그리스어와 영어로 표시되어 있어야 한다.

공휴일에는 '보너스' 요금이 가산되며, 짐이 있거나 공항으로 가는 경우 추가요금이 있다.

기차

아직까지 그 진가를 아는 사람이 별로 없지만, 그리스 기차는 특별한 여행 추억을 남길 수 있는 교통수단이다. 그리스 기차는 땅 위를 달리면서도 꼭 하늘을 나는 것 같은 짜릿함을 선사해준다. 험준한 협곡을 따라 혹은 높은 산의 절벽에 매달린 채 달리고, 핀도스 산맥의 당나귀도 엄두내지 않을 것 같은 급한 커브를 따라 달려 여행객에게 잊지 못할 기억을 남긴다. 그리스의 아름다운 해안선을 따라 달리거나 높은 곳에서 갈매기와 함께 저 밑 바다를 내려다보며 달리는 경험도 할 수 있다.

평범한 여행 코스에서 벗어나 더 특별한 경험을 하고 싶다면 유명하지 않은 작은 역에 내려보자. 태초의 자연이 그대로 남아 있어 과거로 돌아간 것 같은 기분을 느낄 수 있다. 트라키 지역을 지날 때는 창밖으로 야생 곰을 볼 수도 있다.

정부가 과잉 인력을 감축하기 위해 공무원을 정리해고하는 바람에 몇 노선은 운행이 중지되었다. 기차가 아니면 가기 힘든 지역을 연결했던 펠로폰네소스 라인도 이런 이유로 운행을 중단했다. 하지만 디아코프토와 칼라브리타^{Diakofto-Kalavrita}를 연결하는 노선은 계속 운행 중이니 꼭 타보도록 하자.

철도에는 두 종류가 있다. 하나는 금방이라도 부서질 것처럼 낡고 천천히 움직이는 기차로, 이 기차는 대부분 군인이나 이민자, 학생, 대도시에 사는 자녀의 집을 방문하는 가난한 시골 주민들이 이용한다. 이 기차의 딱딱한 의자에 앉아 사람들의 시끌벅적한 대화 소리와 음악 소리에 묻혀 있노라면 꼭 과거로 시간 여행을 온 것 같은 기분이 들 것이다. 작은 마을들을 두루 들러보고 싶은 게 아니라면 이 기차는 피하는 것이 좋다. 다른 하나로 아테네와 알렉산드로폴리스를 연결하는 기차가 있다. 일부 주요 노선은 단선으로 운행하고 있으나, 복선을 증축 중에 있다.

지하철과 트램

아테네 지하철은 다른 대
도시들에 비해 지어진 지
얼마 되지 않아, 깨끗할 뿐
아니라 교통 혼잡도 덜하
다. 하지만 많은 인구가 사
는 도시에 비교적 늦게 생
긴 탓인지 대부분의 지하
철역이 유동인구가 별로
없는 외진 곳에 있다. 흥미

로운 점은, 고고학적 유물 유적이 많은 아테네의 3000년 역사
를 가로질러 터널을 뚫은 덕에 일부 지하철역은 말 그대로 미
니 고고학 박물관처럼 꾸며져 있다.

아테네 정부는 일찍이 1960년, 도시를 조금 더 서구적으로
꾸미기 위해 트램을 개통했다. 하지만 이후 도시 재개발 붐이
불고 무색무취의 콘크리트 건물들이 우후죽순 들어서는 동안,
잠시 운행이 중단되었다가 2004년부터 운행을 재개했다.

배

배 없는 그리스는 비늘 없는 물고기에 비유할 수 있을 것이다. 그리스의 무역^{embório}은 산이 험준하고 바다가 깊은 그리스 지형 때문에 어려울 수밖에 없었다. 과거 배를 타고 물을 건너는 행위를 'póros'라고 했고, 상인들은 물건을 실은 배를 타고 물을 건너 교역을 했다. 바로 여기서 상업 중심지라는 뜻의 'emporium'이라는 단어가 유래했다.

오늘날 그리스에는 수많은 페리와 수중익선, 택시보트, 요트, 돛단배들이 섬과 섬을 연결하고 있다. 배에 따라서 이동

시간이 달라지며, 성수기는 4월부터 10월까지다. 일부 수익성이 낮은 노선도 있지만, 이런 노선들은 대부분 섬 주민에게 없어서는 안 되는 생명줄과 같은 것들이다.

배를 이용해야 한다면 미리 예약하자. 어떤 배를 선택하느냐 그리고 그 배에서도 어떤 좌석을 이용하느냐에 따라 천차만별의 경험을 할 수 있을 것이다. 하지만 바다 위에서 찬란한 햇살 아래 나타났다 사라지는 섬들을 보고 있노라면 모든 불만과 불쾌함은 사라질 것이다.

자동차

자동차 렌트는 쉽지만 다른 유럽에 비해 비용은 비싼 편이다. 하지만 확실히 아테네를 벗어나 교외를 여행할 때는 그만큼 비용을 투자할 가치가 있다. 자동차를 렌트할 때는 반드시 보험에 가입해야 한다! 보험 없이 자동차를 렌트하는 일은 너무 위험하니 생각도 하지 말자. 유료도로 통행료도 고려해야 한다. 톨게이트를 지날 때는 신속하게 요금을 지불하기 위해 잔돈을 넉넉히 준비해두는 것이 좋다.

　그리스는 유럽에서 알바니아 다음으로 교통사고 사망률과 사고율이 높은 나라다. 지난 20년 동안 4만 3,000명 이상이 교통사고로 목숨을 잃었다. 공휴일이 낀 주말이면 25명 정도가 사고로 사망한다. 길을 가다보면 사랑하는 사람이 사망한 지점에, 그를 추억하며 세워놓은 기념비를 종종 볼 수 있다. 가장 큰 문제는 운전자들의 추월과 열악한 도로 상태다. 운전을 하다 보면 최대한 방어운전을 한다고 해도, 앞차와의 안전거리를 유지하는 것이 불가능하다는 것을 깨닫게 될 것이다. 옆으로는 계속해서 위험하게 운전하는 차가 지나가고, 앞으로는 불쑥불쑥 차가 끼어들기 때문이다. 하지만 최근 열악했던 거리 상황은 점점 개선되는 추세다.

여행객이 당하는 사고 중 다수는 오토바이 사고다.

걷기

그리스 사람들은 한결같이 걷는 것을 좋아하지 않는다. 운동으로도, 어딘가에 가야 할 때도 걷는 것은 피하려 하며, 10분만 넘게 걸으면 멈추어 서서 걷기 말고 다른 방법은 없는지 찾느라 바쁘다. 하지만 그리스인들이 사랑하는 걷기가 있으니, 이를 그리스어로 '페리파토스^{perípatos}'라고 한다. 프랑스인들은 '프롬나드^{promnade}'라고 하는 이 걷기는 가족 또는 사람들과 함께 바닷가를 따라 걷는 산책을 말한다. 광장이나 부둣가를 조용히 계속 돌면서 사람들과 인사를 나누고, 신선한 공기를 들이마시고, 주변을 둘러보며 아이스크림도 사먹는 걷기는 '볼타^{vólta}'라고 한다.

건강

그리스는 건강한 나라로, 건강에 대해 관심이 많고, 건강을 염려하는 수준도 높은 편이다. 최근에는 국가 부도 위기로 인해 공공의료 서비스가 악화된 지역이 일부 생겼으니 주의하자. 그리스에 여행을 간다면 본국에서 가입한 건강의료보험, 민간보험 관련 서류와 증서를 모두 가져가자. EU 시민이라면 유럽인 건강보험카드만 챙겨 가면 된다. 관련 서류와 사본만 있으면 그리스에서도 어느 정도의 의료 서비스는 모두 받을 수 있다. 그리스에 일정 기간 이상 체류할 생각이라면 떠나기 전에 필요한 서류를 확실히 준비하도록 한다. 필요한 정보를 모르는 경우, 대사관에 문의하자. 그리스에 장기 체류하게 된다면 그리스의 국민의료보험인 IKA(이카)에 등록하는 것이 좋다.

전반적으로 그리스의 의료진은 실력이 뛰어난 편이다. 대부분의 의사는 항생제 처방을 주저하지 않고, 심지어 별도 처방 없이도 약국에서 항생제를 구입할 수도 있지만, 상태가 심각하지 않다면 항생제 복용은 삼가는 것이 좋다. 그리스 친구가 있다면 아는 의사를 소개시켜줄 것이다. 치과 치료도 효율적이고, 치료비도 합리적이다. 치료를 받기 전, 의사가 IKA에 등록된 의사인지 확인해보자. 대도시 밖으로 가면 의료시설이 부족하다. 노인 요양은 그 서비스 수준이 천차만별이고, 노인 대부분은 가족이 보살핀다. 긴급 상황인데 그리스어를 못할 경우 무료전화 112번으로 전화하면 영어나 불어로 도움을 청해 정보를 얻을 수 있다.

【옷차림】

그리스는 4계절이 뚜렷한 나라로, 그리스로 떠나기 전에 계절에 맞추어 옷을 준비해야 한다. 아테네는 겨울에는 매우 춥고, 여름에는 찌는 듯 덥다. 반드시 모자를 챙겨가도록 하자. 그리스인들은 '스마트 캐주얼'을 즐겨 입고, 격식을 차린 차림새를 선호한다. 그리스에서는 당신이 입는 옷이 당신이 누구인지 말해준다는 것을 기억하자.

안전

전반적으로 그리스는 안전한 나라지만, 최근 특정 지역에서 일어나고 있는 변화로 인해 그 안전성이 부각되지 못하고 있다. 경제적으로 어려운 기간이 길어지자 범죄가 늘어났고, 특히 도둑이 많아졌다. 2010년 찾아온 경제위기 이후, 아테네와 주요 도시 도심에서 폭력적인 시위가 일어나고 있다. 많은 여행자들이 소셜미디어에 업로드한 사진을 보면, 대부분은 사태에 직접 개입하지 않고 멀리서 바라보는 방관자 역할에 충실한 것처럼 보인다. 이런 상황이 일어나면 관여하지 말고 피하는 것이 제일 좋다. 아테네 일부 지역에서는 망명자와 불법 체류자가 많이 들어와 있어 치안을 우려하는 목소리가 높아지고 있다.

아직까지 그리스를 방문한 여행객들에게 닥칠 수 있는 특정 위험에 대한 보고는 없지만, 일부 도시지역의 인프라 악화는 보행자들이 위험한 일을 당할 가능성이 높아졌음을 시사한다. 특히 조명이 어두운 길을 조심해야 한다. 누군가에게 기습적으로 공격을 받는다면, 여행 일정이나 비즈니스 일정에 차질이 생길 수 있으니 늘 조심하자.

08

비즈니스 현황

그리스에는 자수성가한 사업가들과 수많은 가족 기업이 있고, 저마다 자기만의 방식으로 비즈니스를 하고 있다. 분야를 막론하고 그리스 기업과 거래하려면 먼저 해당 기업이 그리스 정부와 관계가 있거나 정부에 의존하고 있는지, 친인척이 얼마나 많이 일하고 있는지 이 두 가지를 살펴봐야 한다.

그리스 경제

그리스는 경제 규모가 세계 50위권 안에 드는 국가로 국민들은 선진국의 생활수준을 누리고 있지만, 동시에 GDP 대비 국채 비중이 세계에서 두 번째로 높은 국가이기도 하다. 현재 그리스 경제는 혼란 속에 있지만, 세계에서 두 번째로 강력한 경제체인 EU의 회원국이므로 최악의 사태는 막아줄 안전 그물망을 가지고 있다고 할 수 있다.

그리스는 그 인근에서는 가장 경제적으로 발전한 나라로 비즈니스 문화가 뿌리 깊다. 그리스의 이웃나라들은 사업에 관한 그리스의 노하우와 기업(경제 위기 때문에 그리스를 떠난 기업 포함)들에서 많은 수혜를 입었다.

제2차 세계대전이 끝난 후 폐허에서 다시 시작한 그리스 경제는 안정적인 성장세를 이어가다, 1990년대 대규모 인프라 프로젝트를 시행하면서 큰 발전을 이루었다. 또한 유로존 가입으로 낮은 이자율로 대출이 가능해져, 국민들의 생활수준도 대폭 향상되었다.

하지만 2008년 발발한 세계 금융위기로 인해 그리스 경제의 구조적 약점이 고스란히 드러났다. 앞서 살펴본 것처럼 그리스는 살아남기 위해 소위 '트로이카'의 의사결정을 따라야 했다. 사실 그리스에는 IMF와 같은 기관의 구제금융이 필요했지만, EU는 그리스의 파파콘스탄티누 재무부장관이 '짧고 매서운 처벌의 도덕적 교훈'이라고 부른 지원을 제공하며 그리스에 긴축 정책을 요구하고 다른 EU 회원국에게도 경고의 메시지를 주었다. 현재 그리스 국민들은 자본통제와 과도한 세금, 투자 부족으로 어려움을 겪고 있다.

그리스 경제는 EU 내에서도 가장 작고 단편적이다. 중공업이나 제조업은 거의 발달되어 있지 않으며 관광, 해운, 농업을 주 수입원으로 한다. 제조업은 거의 가족 단위의 중소기업이 주를 이루고 있다. 그리스가 강점을 보이는 분야는 바로 해운

업이다. 그리스 해운은 전 세계 선박 용적 톤수 1위로, 전 세계 용적의 16%, 세계 해상 운송량의 3분의 1을 차지하며 해운 강국으로 전 세계의 인정을 받고 있다. 특히 중국은 피레에프스를 전 세계 해운의 중심으로 보며 그리스의 해운을 높게 평가하고 있다.

비즈니스 문화

그리스에는 독학으로 자수성가한 사업가들과 수많은 가족 기업(수천 년의 역사를 가진 기업도 있다)이 있고 저마다 자기만의 방식으로 비즈니스를 하고 있다. 그래서 그리스인과 거래를 할 때는 저마다의 스타일, 원칙, 기준을 가진 다양한 사람들을 만나게 될 것이다.

분야를 막론하고 그리스 기업과 거래하려면 먼저 해당 기업이 그리스 정부와 관계가 있거나 정부에 의존하고 있는지, 친인척이 얼마나 많이 일하고 있는지 이 두 가지 요소를 살펴봐야 한다. 이를 통해 해당 기업을 정부가 운영하고 있는지, 또 기업의 핵심 직원들이 인맥으로 취직한 것인지를 파악할 수 있다. 그 밖에 선박 엔지니어로 시작해 선박 소유주가 된 사업가부터 영국과 미국에서 박사과정을 밟은 인재 등 뛰어난 능력과 바람직한 사고방식을 가진 기업가도 많다.

팀워크

배신이 난무하는 비즈니스 문화권에서 온 사람들도 팀워크의 가치를 알고 있건만, 그리스인들은 팀워크를 별로 중요하게 생각하지 않는다. 많은 그리스인들이 이 분야에 대해 가장 잘 아는 사람은 바로 자기 자신이라고 믿고 있기 때문이다. 하지만 사실 그리스인들이 가장 잘 알고 있는 것은 정신이 번쩍 드는 데는 마지막 순간에 허둥대는 것만 한 것이 없다는 것이다.

그리스인과 처음 거래하는 이들에게 이런 태도와 경영 방식은 매우 불안하게 느껴질 것이다. 이런 상황이 닥쳤을 때 가장 바람직한 대처 방법은 계속해서 상대와 소통하려고 노력하는 것이다. 파트너가 당신의 의견을 전혀 반영하지 않는 것처럼 느껴져도 계속 소통하라. 중요한 것은 파트너의 작업 방식을 이해하고 신뢰하는 데 있다. 나아가 긴급한 문제에 대해 계속해서 그들과 의견을 교환하며 문제점을 찾는 것이 중요하다.

그렇다면 그리스인들은 겉으로 보기에 위태위태한 이런 방식으로 어떻게 사업을 운영하는 것일까? 그리스인들은 내부자와 외부자로 구성된 호의와 필로티모의 광대한 네트워크에 의존해 사적인 일은 물론 업무도 처리한다는 것을 기억하자. 뛰어난 소통 능력을 발휘한다면 당신도 그리스인들이 보유하고

• 뇌물인가 단순한 기름칠인가? •

미국에서 자란 한 그리스 교포가 그리스로 돌아와 수출 위주의 기계공학 회사를 창립했다. 얼마 지나지 않아 그는 회사를 운영하기 위해 끊임없이 공무원과 에너지 회사에 뇌물을 바쳐야 하는 현실에 염증을 느꼈다. 어느 날 그리스어로 뇌물을 라도마(ládoma, 직역하면 기름칠을 한다는 뜻)라고 하는 점에 착안해, 고향에서 만든 5리터들이 올리브오일 깡통 두 개를 그들에게 건넸다. 뇌물로 점철된 사회 체계에 대한 분노를 표현한 것이지만 그 아이러니를 눈치 챈 사람은 아무도 없었다. 사람들은 선물에 감사하며, 세계 최고의 올리브오일을 만드는 그의 고향에 찬사를 보냈을 뿐이었다. 그는 명실상부, 그리스에서 사업을 경영하는 것의 장점을 잘 이해하고 있는 철학적 현실주의자다.

있는 이런 개인적 네트워크의 힘을 빌릴 수 있을 것이다. 하지만 그렇다고 해서 이런 네트워크만으로 모든 일이 일사천리로 해결된다는 뜻은 아니다.

많은 이들의 연봉이 삭감되었고 수천 개 기업이 파산했으며, 35세 이하의 실업률은 40%에 육박하고 있다. 많은 사람들이 안정된 일자리를 찾고 있고, 좀 더 믿을 수 있는 고용주를

• 전문가와의 갈등 •

그리스를 떠나 외국에서 지역정세 전문가로 활동하는 어느 그리스인이 공직에 몸담고 있는 사람들이 많이 모인 파티에서 발칸반도 내 전략에 대해 이야기를 나누고 있었다. 대화 도중, 그리스 국방부에서 일하는 사람이 그에게 보고서를 잘 읽어보았다고 말하며 몇 가지 추가로 질문하더니 이렇게 말했다. "당신은 정말 위험한 사람입니다." 갑작스러운 이 말에 전문가가 당황해 어찌할 줄 모르고 있는데 옆에 있던 다른 공무원이 부연 설명을 했다. "저희가 대수롭지 않게 생각하던 문제들이 있었는데, 그 보고서를 보니 모든 것을 다 재평가해야 하겠더군요. 이는 총리님과 저희 부에 모두 큰 부담입니다." 이쯤 되면 그리스에는 똑똑한 공무원들이 많은데, 모두 현실을 회피하고 있는 게 분명해 보인다.

찾기 위해서라면 살고 있는 터전을 떠날 생각도 한다.

주목해야 할 것은 금융 위기 때문에 나라를 떠나야만 했던 수천 명의 대학 졸업자들이 현재 영국과 미국 내 기업의 재무부 임원과 관리직 자리를 꿰차고 승승장구하고 있다는 점이다.

프레젠테이션과 경청

그리스인들은 의심이 많다. 당신이 무엇을 제안한다면, 그 일을 통해 당신이 무슨 이익을 보기에 이렇게 강력하게 주장하는지, 또 자신들은 무슨 이익을 볼 수 있는지 알고 싶어 할 것이다. 이런 그리스인들의 태도 때문에 거래가 성사되기 어려워지는 경우도 충분히 있을 수 있다.

그리스인들은 단순명료하게 정리한 정보를 전달하는 프레젠테이션을 선호하며, 관심이 있는 한 집중해 경청한다. 하지만 어디에서나 그렇듯 참여자가 많은 회의에서는 집중하지 못하고 떠드는 사람이 꼭 있다. 프레젠테이션 말미에는 질문을 할 것이다. 그리스인들은 서류작업에 쉽게 지루함을 느끼고, 프레젠테이션 기술이나 기업 웹페이지 등은 다소 미흡할 수 있다. 또한 그리스 기업의 상사들이 장황하고 긴 연설을 할 수 있다는 것도 염두에 두자. 이런 경우에는 자세를 바로하고 앉아 경청하고 그 흐름을 타는 것이 좋다. 그리스인들은 간결하게 말하기보다는 풍성하게 표현하는 편을 선호한다. 이는 그들이 요점을 말하거나 정보를 전달하는 데, 당신이 생각한 것보다 훨씬 더 긴 시간이 걸릴 수 있음을 의미한다.

그리스 기업의 고위 임원과 이야기할 때는 격식을 차려야한다. 그리스어를 모른다고 해도, 상대 기업(큰 회사든 작은 회사든 불문하고)의 회장은 '키리에/키리아$^{Kýrie/Kyría}$ 프뢰드레^{Príedre}'라고 부르도록 하자. 좌파 정부의 당원들과 이야기할 때는 당신을 비공식적인 당원 동지로 생각하고 편안하게 대하면 된다.

회의와 협상

회의를 한다 해도 안건이 없거나, 마지막 순간에 준비하는 것이 대부분이다. 관련 있는 질문을 하는 사람은 많지만, 주도권을 가지고 나서서 질문을 하는 사람은 별로 없다. 이는 최종 의사결정은 회의 내용과는 상관없이 회의실 밖에서 이루어진다고 여기는 분위기 때문이다. 이런 관념 때문에 사람들은 안건을 중요하게 생각하지 않고 마음대로 바꾸기도 한다. 회의 도중에는 서로 대화가 겹치는 일이 많이 생긴다. 협상이 진행됨에 따라, 그리스인들은 새로운 기회에 대해 마음을 점차 열어갈 것이다.

쉽게 설명하기 위해 그리스인의 뇌를 하이퍼링크가 많이 달린 웹페이지에 비유해보자. 페이지의 각 하이퍼링크는 각기 다른 새로운 모험과 아이디어로 연결된다. 당신이 아무리 특정 주제에 대해 이야기해도, 상대는 머릿속으로 계속해서 다른 하이퍼링크를 클릭해 새로운 창을 띄우고 있기 때문에, 상대의 집중력이 사방으로 분산되고 있다는 기분이 들 수 있다.

그리스 협상가들은 어떻게 거래를 성사시켜야 할지 아주 잘 알고 있다. 그리고 자신에게 이익이 있다고 생각되는 경우 협상에 최고로 집중하는 모습을 보여준다. 그들은 당신이 생각하는 것보다 훨씬 냉정하고 공정하게 또 놀라울 정도로 풍부한 상상력을 발휘해, 적절한 대안과 지름길을 찾는다.

그리스인과 비즈니스를 하며 좌절할 때도 많겠지만, 그 모든 어려움을 잊고 즐거울 수 있는 가장 큰 이유는 세계 최고

• 삶과 죽음, 비즈니스 •

한 지방 도시에 살던 남자가 교통사고를 당했다. 곧 사고현장에 도착한 경찰은 장의사를 불렀고, 장의사는 운전자의 사망 직전 모습을 촬영했다. 장의사는 이 영상을 사자의 집에 찾아가 틀어주었고, 사자의 장례 계약을 따낸 다음 충격에 빠져 있는 가족에게 이 동영상을 넘겨주었다. 사랑하는 가족의 갑작스러운 죽음에 슬퍼하던 가족은 경찰이 이 장의사와 연결되어 있어 일종의 수수료를 받았을 것이라고 생각했다. 하지만 이것이 지역의 일 처리 방식이라고 생각하고 분노를 나타내지도, 의심을 표현하지도 않았다. 결국 산 사람은 살아야 하니, 괜한 문제를 일으켜 무엇하겠는가?

의 전통을 자랑하는 그리스 특유의 환대와 여흥 때문이다. 성공적으로 거래가 이루어질 경우 후한 대접을 받게 될 것이다.

지도자와 의사결정

그리스 기업에서 의사결정은 상부에서 내려오는 것이 보통이다. 정해진 규칙에 따르는 것이 아니라 임기응변으로 대처하고 다른 사람에게 일과 책임을 넘기는 일도 흔하게 일어난다. 모든 사람들이 해야 할 일과 그 방법에 대해 저마다 다른 의견을 주장하는 경우도 흔하다. 이방인은 이런 모습에 혼란을 느낄 수 있지만, 그렇다고 의사결정이 나지 않는 것은 아니다. 명확한 지시사항이 위에서 아래로 전달되는 경우는 거의 없다는 것을 유의하자. 구두 약속은 실질적인 의미가 없는 경우도 많다.

에티켓

그리스와의 비즈니스에서 가장 중요한 것은 상대와 좋은 관계를 맺는 것이고, 전통적으로 이런 관계는 맛있는 음식과 적정량의 술과 함께 맺어진다. 그리스 파트너가 당신을 가장 좋아하는 레스토랑으로 초대하고 싶어 한다면, 청을 거절하지 말고 함께하자. 이는 런던의 '펍 사교'만큼이나 중요하다.

만약 당신이 그리스 파트너에게 실례를 범했다면 어떤 일이 일어날까? 그리스인들은 대개 외국인에게 관대하다. 서로 왕래한 기간이 오래 되었다면, 이는 당신이 에티켓과 지역정서를 잘 지켜왔음을 의미할 것이다. 그리스인들은 '고맙다'는 말을 잘 하지 않지만, 외국인으로서 무언가를 받게 된다면 '에프하리스토Efcharistó(감사합니다)'라고 말하면 좋을 것이다.

시간 약속

약속 시간을 제대로 지키지 않는 그리스인들을 보고 있자면, 그리스인들은 혼돈을 뜻하는 '카오스chaos'라는 단어를 만들었을 뿐 아니라, 그 단어를 일상에서 실천하고 있는 것 같다는 생각이 든다. 그리스에서 약속 시간은 그날그날 달라진다. 이를 매일 겪는 사소한 불편 정도로 받아들이고 적응하자. 이

불편을 감수함으로써 누리는 그리스식 라이프스타일의 즐거움이 훨씬 크니까 말이다.

회의 때문에 만나기로 한 그리스 파트너는 아마 회의 시간보다 10분에서 45분 정도 늦게 도착할 것이다. 회의 약속 시간은 가능하면 점심식사 전 아침으로 잡고, 회의 장소를 옮겨야 하는 경우, 하루에 여는 회의는 최대 세 개 정도로 제한하는 것이 좋다(특히 아테네의 경우). 회의가 갑작스럽게 취소되거나 약속 시간에 시작하지 않는 경우는 흔하다. 다시 한번 강조하지만, 뛰어난 대인관계 기술을 발휘하면 낭비한 시간을 만회하고도 남는 성과를 얻게 될 것이다.

눈 맞춤

대화를 할 때는 상대의 눈을 지속적으로 바라봐야 한다. 그리스인들은 상대와 계속 눈을 맞춤으로써 상대의 말에 흥미를 보이는 것을 예의라고 생각한다. 만약 당신이 몸동작 없이 그저 뻣뻣하게 서서 대화하는 문화권에서 왔다면 눈 맞춤은 고문에 가까울 정도로 힘들 것이다. 대화시 몸동작과 표정 변화가 발달한 문화에서 눈 맞춤은 그저 관심을 보이는 여러 방법 중 하나이기 때문에, 상대적으로 눈 맞춤이 쉽다.

계약과 이행

계약서에 서명을 하고 계약이 확정되면 법적 구속력이 생기지만, 그리스인들은 이 계약을 아주 요령 있게 재해석할 수 있다는 것을 기억하자. 그리스인들은 계약서를 확정된 규칙으로 보기보다 '전반적인 방향'으로 보길 선호한다. 또한 계약서 내용을 최종적이며 수정할 수 없는 것으로 보기보다는 계속해서 고칠 수 있는 최종안 정도로 본다. 따라서 환경이 바뀌면 계약 내용도 변경될 수 있다.

한 미국인이 자신의 경험에 근거해 그리스에서 이방인들은 아주 짧은 시간 안에 극단적인 감정을 겪을 확률이 높다고 말했다. 하늘을 날 듯 기분이 좋다가 바로 다음 순간 절망에 휩싸이고, 또 금방 기분이 좋아지는 식이다.

앞서 살펴본 것처럼 그리스 기업이 계약서 내용을 계속해서 바꾸는데다 최근 그리스의 자금 유동성이 심각하게 부족해졌

> ### · 이 계약, 체결된 건가요? ·
>
> 2004년 아테네 올림픽 준비기간 중에 IOC 위원들이 아테네를 방문했다. IOC
> 는 그리스가 이미 체결 완료된 보안 관련 계약을 충실히 이행하고 있을 것이라
> 고 기대했지만 현실은 전혀 아니었다. IOC 위원들에게 계약서에 서명했다는 것
> 은 종이에 서명을 했고 잉크가 말라 이제 곧 계약 내용이 이행된다는 것이지만,
> 그리스인들이 말하는 계약은 그저 '거래를 선언'한 것에 지나지 않는다. 계약이
> 체결된 후에도 그리스는 계속 업체를 선정하고 있었고, 특히 그들과 계약한 하
> 청업체가 여러 문제를 일으키고 있는 상황에서는 더욱 그럴 수밖에 없었다.

기 때문에, 그리스 기업과 매입계약을 체결한 외국 기업들 중
상당수가 주문한 물건에 대해 선불 결제를 요구하고 있다.

의견 충돌시 해결법

그리스 파트너와 의견 충돌이 일어난 경우, 여러 가능성을 열
어두고 의사소통을 계속해 의견의 간극을 좁혀나가는 것이 중

요하다. 이런 경우 그리스인들도 문제를 해결할 방법을 찾기 위해 노력할 것이다. 정부기관이 개입된 경우에는 상대가 더 완고하게 나오거나 한 치의 양보도 하려 하지 않거나, 끊임없는 관료주의를 내세울 수 있다는 것을 염두에 두자. 어쩌면 뇌물을 주거나, 좀 더 완곡하게 앞으로 상대의 청탁을 들어주겠다고 약속해야 할 수도 있다.

비즈니스계의 여성

그리스 비즈니스 세계에서 여성은 점점 더 활발하게 활동하고 있으며, 대부분은 가족 기업을 경영하고 있다. 여성 외국인으로서 그리스 기업과 거래하다보면, 그리스 여성들이 직장 내에서 당하는 성차별을 목격하겠지만, 그들의 능력을 과소평가하지는 마라. 또한 존중과 예의를 갖추어 여성을 대우하는 모습도 볼 수 있을 것이다.

09

의사소통

보통 만났을 때나 헤어질 때 모두 악수로 인사한다. 회의가 성공적으로 끝났다면, 그리스 사람들은 손에 더 힘을 주어 악수하거나 당신의 등을 두드리거나, 어깨를 잡고 흔들 것이다. 거래가 성사되면 모두와 따뜻하게 포옹을 할 것이다. 따뜻한 신체 접촉이 일어나지 않는다면 그것은 상황이 좋지 않음을 의미한다.

언어

그리스어는 인도유럽어족에 속하는 언어로, 앞서 살펴본 것처럼 고대의 언어가 그대로 전승되어 오늘날까지 쓰이고 있다. 현대 영어를 구사하는 사람은 중세 시대의 영어를 이해하지 못하지만, 현대 그리스어를 아는 사람은 고대 그리스어를 어느 정도 이해할 수 있다.

잠시 그리스를 방문할 사람이라면 몇 가지 기본적인 그리스어만 알아도 큰 문제없이 지낼 수 있을 것이다. 대부분 영어가 통하기는 하지만 거리명과 상점 간판, 이름, 일상생활에 필요한 물건들을 읽을 수 있을 정도로 그리스 알파벳을 배우면 좋을 것이다.

【욕설】

그리스어에 귀가 좀 익숙해졌다 싶으면 그리스의 고상한 형이상학에 한참 못 미치는 저급한 표현들이 귀에 들어오기 시작할 것이다. 어쩌면 현지에서 실제로 그 표현들을 듣기 전에 이 책을 통해 먼저 배워두는 것이 나을지도 모르겠다. 그리스의 일상 대화에서 너무나 흔하게 쓰이는 표현이니 말이다.

가장 대표적인 욕으로 말라카^{malaka}가 있다. 강세가 마지막 'a'에 오면 '부드럽게', '다정하게'라는 뜻이지만, 두 번째 'a'에 강세가 오면 부드러운 치즈, 혹은 '이 멍청한 놈아'라는 뜻이다. 이 단어는 그렇게 심하지 않은 욕으로 일상생활에서 자주 등장한다. '가모토^{gamóto}'라는 단어도 있다. 뜻으로만 보면 영어의 'fXXX'에 해당하는 심한 욕이지만 몹시 화가 나거나, 격하게 공감할 때 감탄사 격으로 많이 쓴다. "그리스의 영광을 위해 내가 이 짓을 한다, 가모토!"라고 말하는 식이다. 문맥에 따라 그 뜻이 달라지는데, 무모한 실험은 삼가는 것이 좋다. 영어 욕이 배설물이나 지저분한 것, '구멍'을 들먹이는 것에 한정되어 있다면, 그리스어는 그 표현이 다양하다.

앞서 예로 든 두 단어를 제외하면 그리스인들은 욕을 많이 하지 않는 편이다. 독실한 기독교 신앙에 가족을 사랑하는 나라답게, 많은 욕이 친인척과 신앙과 관련된 뜻을 포함하고 있다. '어머니'가 들어간 욕은 자주 쓰이지만 '아버지'가 들어간 욕은 없다. 그리스인들이 가장 즐겨 쓰는 욕은 '가모 토 탄딜리 소$^{gamó\ to\ kandýli\ sou}$'인데, 번역하면 '빌어먹을 거룩한 램프 같으니!' 정도가 된다.

【예의】

보통 만났을 때나 헤어질 때 모두 악수로 인사한다. 회의가 성공적으로 끝났다면, 그리스인들은 손에 더 힘을 주어 악수하거나 당신의 등을 두드리거나 어깨를 잡고 흔들 것이다. 거래가 성사되면 모두와 따뜻하게 포옹을 할 것이다. 따뜻한 신체접촉이 일어나지 않는다면 그것은 상황이 그다지 좋지 않음을 의미한다.

그리스인들은 '감사하다'고 인사하는 것에 인색하다. 작은 호의를 베풀었는데 상대가 눈 하나 깜빡하지 않고 고마움을 표시하지 않는 상황을 종종 경험하게 될 것이다. 그리스에서는 늘 있는 일이므로 너무 개의치 말자. 한편 자녀를 둔 부모들은 아이들에게 '감사합니다', 즉 '에프하리스토'라고 인사하라고 철저하게 교육한다.

보디랭귀지

그리스 사람들은 보디랭귀지를 사용해 대답하거나, 의견을 표현한다(흉부 윗선으로만). 그리스에서 주의할 것 하나, 절대 '숫자

5'를 가리킨다고 손가락을 다 벌린 채 손바닥을 쫙 펴지 마라. 그리스에서 이 손 모양은 '네 얼굴에 대변을 바르겠다' 혹은 '너는 인간 쓰레기야'라는 의미다. 이는 비잔티움 시대에 범죄 자들의 얼굴에 그을음을 묻히던 동작에서 유래했다.

그리스 사람들은 대화 내내 웃지 않는다. 영국이나 미국에 서는 사람과 이야기할 때 자동적으로 웃어 보이지만 그리스 에서는 아니다. 그리스 사람들은 오직 자신이 무언가를 승인 할 경우에만 웃는다. 만약 이유도 없이 계속 웃는다면 약하고 단세포적이며 진지하지 않다는 것을 나타내거나, 지금 대화에 집중하지 않고 있다고 해석될 수 있다.

언론

【소셜미디어】

오늘날 그리스인들은 주로 인터넷과 소셜미디어를 통해 뉴스 를 접한다. 이 둘의 등장으로 전례 없이 많은 정보에 접근할 수 있게 되었다. 오늘날 그리스 정치인들은 인터넷과 소셜미디 어에서 경쟁상대를 저격하고, 정당들은 루머를 퍼트리며, 공무원들은 반박하기 위해 폭로를 감행한다. 심지어 논란이 많았던 한 블로그 운영자가 살해당했을 정도로 그 위력이 대단하다. 그리스에서 인터넷은 희망과 가능성, 물론 실제 정보까지 모두 혼재하는 바쁘고 복잡한 공간이다.

【언론매체】

기존의 언론매체들은 소수의 언론재벌이 소유하고 있다. 전국에 발행되는 신문은 아테네에 몰려 있는데 구독률은 매우 낮다. 하지만 수많은 사람들이 매일, 신문가판대인 페리프테로의 진열대에서 신문 1면의 내용을 읽는다. 이런 의미에서 신문은 매일 정보를 전달하는 포스터 역할을 하는데 이는 신문 소유주와 정부 모두가 인지하고 있는 사실이다.

그리스의 보도는 해설이 주를 이룬다. 그리스 밖에서 활동하는 그리스 언론인은 거의 없고, 정규직으로 외국에서 일하는 언론인은 아주 소수에 불과한데 그마저도 통신사 의존도가 매우 높다.

【라디오】

많은 공공장소에서 라디오 방송을 틀어놓는다. 그리스인들은 라디오를 사랑하고, 라디오 방송국만도 수백 개에 달한다.

지역별, 도시별 방송국도 많다. 대부분은 그리스의 대중음악과 부주키, 동방 음악, 아나톨리아 음악을 틀어주고 소소한 이야기를 나눈다. 전통 락을 주로 틀거나, 뜨거운 토론을 벌이는 채널도 있고, 교회 방송국도 있다. 라디오 방송국은 국영방송 ERT(그리스 라디오 TV)와 수준 높은 클래식 음악을 방송하는 '트리토 프로그라마(제3의 방송)'를 제외하고는 모두 민영이다. 라디오 방송국 목록은 www.e-radio.gr에서 확인할 수 있다.

【TV】

미국의 TV가 미국 기업의 이익을 반영하고, 영국의 BBC가 옥스퍼드와 케임브리지 출신 기득권층의 이익을 반영한다면, 그리스의 TV는 정권을 잡았거나 혹은 정권을 잡을 가능성이 높은 정치 정당을 발전시켜 왔다.

첫 언론 재벌은 신문 출판 업계에서 나왔다. 곧 140개 방송국이 방송을 시작했는데, 그 대부분은 불법이었다. 그럼에도 이들이 살아남을 수 있었던 것은 정부가 뇌물을 받고 그 대가로 막대한 체납 세금을 못 본 체 넘어가주었기 때문이었다. 결과적으로 현재는 언론 재벌 네다섯이 방송가를 점령하고 있다. 그리스 정부는 규제가 전무했던 이 업계에 허가 제도를 도입하고 점차적으로 규제하려고 노력하고 있다.

국영방송국은 ERT다. 국영방송을 보든 안 보든 상관없이, ERT 시청료는 전기요금 고지서에 합산되어 나온다. 뉴스 프로그램은 2시간 정도 하는데 확실한 정보랄 것은 거의 없다. 상업 뉴스 프로그램 대부분은 시끄러운 음악을 배경으로 이슈가 될 만한 아이템을 소개하는 뉴스 엔터테인먼트 쇼에 지나지 않는다. TV 화면에 여섯 명까지 많은 패널이 등장해 발언 시간을 두고 경쟁하는 토론 프로도 있다. 아테네를 벗어나면 방송의 수신 품질이 크게 떨어지는데, 안타까운 일이 아니라 축복이라고 할 수 있을 것이다.

【 해외 언론 】

그리스 언론과 해외 언론은 그 관계가 재미있다. 그리스 사회는 철저하게 조사하기보다는 추측을, 보도하기보다는 해설을 선호한다. 이런 분위기 속에서 그리스는 해외 언론에서 (1) 사실적 뉴스, (2) 그리스에 대한 해외의 보도와 시선, (3) 그리스 정부나 기득권층에 대한 외국의 비판과 칭찬, 이렇게 세 정보를 얻는다.

최근까지도 해외 언론의 절대 다수는 영국 매체가 차지했지만 시대가 바뀜에 따라 독일 매체의 영향력이 대폭 상승했고, 북서유럽 매체의 보도를 인용하는 횟수도 늘었다.

인터넷

전반적으로 인터넷 연결 상태는 안정적인 편이다. 하지만 Wi-Fi가 원활하지 않을 수 있고, 특히 인구가 밀집된 시가지에서 더욱 그렇다. 그리스 전역에 인터넷 카페가 있어 이용이 편리하며, 검색 엔진으로는 구글을 추천한다.

전화

그리스에서 전화 설치는 꽤 간단하다. 그리스 전화사인 OTE에 신청하면 된다. 해외전화 요금은 비싸지만, 통신사의 해외전화 할인 요금 패키지를 신청해 이용할 수 있다. 전화 연결 상태는 전반적으로 양호하다.

【 휴대전화 】

그리스에서 휴대전화는 높은 사회 신분을 상징하는 기간도 없이 아주 빠른 속도로 보급되었다. 현재는 거의 모든 인구가 휴대전화를 소유하고 있으며, 요금은 다른 EU 국가와 비슷한 수준이다. 그리스에 거주하는 많은 EU 시민들이 본국에서 가입한 휴대전화 통신사를 계속 이용하는데, 이는 그리스에서 새로 통신사에 가입하고 이용한 만큼 요금을 내는 것보다 EU 내 로밍 요금이 저렴하기 때문이다. 물론 그리스 현지인들은 그리스 통신사 요금제를 사용한다.

유용한 전화번호	
139	국제전화 정보 (영어, 프랑스어, 독어 안내)
131	OTE 가입자용 전화번호 문의
11811	전화번호 문의
171	관광 경찰
1402	모닝콜
112	유럽 응급전화번호, 그리스의 기타 응급전화번호와 함께 사용
00	해외로 전화할 때 국가번호 앞에 00을 눌러야 함

우편

우편봉투에 그리스 알파벳이 아닌 라틴 알파벳으로 주소를 써도, 우편물이 안전하게 목적지에 도착한다. 그리스인들은 격식 있는 표현을 선호하고, 편지 말미에도 발신자의 이름만 덜렁 쓰는 것보다는 영어의 'Best regards(안부를 전하며)'나 'Your truly(당신의 진실된)'에 해당되는 격식 차린 표현을 즐겨 쓴다. 손윗사람 특히 직장에서의 연장자와 상급자에게 특히 예의를 갖추는 것이 좋다.

결론: 활기 넘치는 지역

그리스는 아주 오래 전부터 특별한 여행지였다. 지정학적으로 중요한 위치를 점하고 있는 그리스는 선조들에게서 다층적인 문화유산을 물려받았다.

그리스인들은 관대하고 활기가 넘치며 감정적이고, 개인적이고 논쟁을 좋아하며, 본능적이고 실용적이며, 때로는 유치하고 독창적이면서도 보수적이고, 임기응변에 아주 뛰어난 민족이다. 그리스인들은 무엇보다도 인간관계를 중요하게 생각하는데, 이는 곧 그리스에서의 삶이 예상치 못한 것들에 좌우되어 다양한 가능성과 라이프스타일을 경험할 수 있음을 의미한다.

그리스에서는 보통 작은 대륙에서 볼 수 있는 특이한 동식물을 많이, 쉽게 볼 수 있다. 또 사회와 고립되어 지내는 수도원부터 늘 많은 사람들로 붐비고 분주한 코스모폴리탄까지 없는 게 없는 나라기도 하다. 젊은 세대들은 이제 사회가 변했고 자신들에게 이전의 방식은 해당되지 않는다는 것을 받아들이며, 예측할 수 없는 변화들을 수용하고 삶을 개척해 나가려 노력하고 있다.

이제까지 그리스인들은 그들이 변할 수 있다는 사실과 세상이 기대하는 것과는 전혀 다른 결과를 낼 수 있다는 것을 여러 차례 증명해 보였다. 오늘날 그리스를 방문하는 여행자들은 그리스식 풍성한 삶을 체험하고 이 아름다운 땅과 축복받은 사람들에게 깊은 애정을 느낄 것이다.

부록① 핵심 가치 비교표

아래는 '앵글로 색슨'계 서구사회와 그리스의 차이를 설명한 표다. 지나치게 단순화한 것일 수도 있겠지만 어떻게 다른지 이해하는 데 도움이 될 것이다.

핵심 가치와 특징

미국, 영국	그리스
미국: 개인의 주도성 영국: 선례	가족
미국: 제대로 하기 영국: 신중하게 하기/ 페어 플레이	필로티모(법과 개인적 감정을 넘어선 자기 본분에 대한 존중)
미국: 외향적, 자기 선전 영국: 판단 보류	의심
미국: 결론에 따름 영국: 외교와 분명한 타협	마지막 순간에 급하게 일 처리
법 존중	인맥
미국: 노골적인 태도 영국: 겸손한 태도	열린 마음
민주주의	논쟁과 토론을 즐김
미국: 친구 영국: 예의를 차린 거리 두기	우정
애완견	
주인을 따르며 주인이 부르면 응답한다.	주인이 무법상태에서 보이는 에고의 분신인양 행동한다.

문화적으로 두려워하는 것	
미국, 영국	그리스
미국: 홀로 남겨지는 것 영국: 직설적 대화, 자기 과시	터키의 군사 위협
미국: 남들이 나를 싫어하는 것 영국: 약자를 공격하는 것	미국을 위시한 강대국, 배신
미국: 패배자로 낙인찍히는 것 영국: 지나치게 낙관적으로 생각하는 것	세금, 건강 악화
미국: 미국적이지 않은 환경에 놓이는 것 영국: EU에 대한 의심, 미국의 애완견으로 보이는 것	그리스적인 것을 이해하지 못하는 외부인들
동기	
시스템/ 일자리	그것이 날 위해 무엇을 해줄 수 있는가
장기적	중요한 것은 지금 바로 여기, 내일은 오지 않을지도 모른다.
이익 / 제대로 일을 처리하는 것	돈 / 당면한 문제를 해결할 수 있다면 뭐든
주택 대출 상환하기	가족 근처에 살기
돈 / 유머	편안하고 안정적인 삶
의사소통 방식	
간단명료함	장황함, 설명을 좋아함
짧은 메모와 약간의 퉁명스러움	공손하게, 존중하며
미국: 공격적, 적극적으로 영국: 배타적으로	실리적으로

대문자	소문자	이름	발음
A	α	Alfa	a (*Athens*에서처럼)
B	β	Vita	v (*very*에서처럼)
Γ	γ	Gamma	gh (부드럽게, 목에서 나는 "r"처럼)
Δ	δ	Delta	th (*the*에서처럼)
E	ε	Epsilon	e (*egg*에서처럼)
Z	ζ	Zita	z (*zest*에서처럼)
H	η	Ita	i (*sheep*에서처럼)
Θ	θ	Thita	th (*bath*에서처럼)
I	ι	Iota	y, i (*sheep*에서처럼)
K	κ	Kappa	k (*can*에서처럼)
Λ	λ	Lamda	l (*love*에서처럼)
M	μ	Mi	m (*mother*에서처럼)
N	ν	Ni	n (*no*에서처럼)
Ξ	ξ	Ksi	x (*box*에서처럼)
O	ο	Omikron	o (*dog*에서처럼)
Π	π	Pi	p (*up*에서처럼)
P	ρ	Ro	r (*retsina*에서처럼)
Σ	σ, ς*	Sigma	s (*sing*에서처럼)
T	τ	Taf	t (*out*에서처럼)
Y	υ	Ipsilon	i (*sheep*에서처럼)
Φ	φ	Fi	f (*friend*에서처럼)
X	χ	Chi	ch (후두음, *loch*에서처럼)
Ψ	ψ	Psi	ps (*lips*에서처럼)
Ω	ω	Omega	or (*bought*에서처럼)

모음에 강세
* 단어 끝에만 사용

참고문헌

가이드북

Miller, Korina, et al. *Lonley Planet Greece(Travel Guide)*. Melbourne/ Franklin, Temmesse/ London/ Beijing/ Delhi. Lonely Planet, 2016.

Ottaway, Mark. *The Most Beautiful Villages of Greece and the Greek Islands*. London: Thames & Hudson, 2011

Durrell, Lawrence and John Flower. *The Greek Islands*. London: Faber & Faber, 2002

Leontis, Artemis (ed), *Greece: A Traveler's Literary Companion*. San Francisco: Whereabouts Press, 1997.

역사와 정치

Kalyvas, Stathis, *Modern Greece: What Every Needs to Know*. Oxford: Oxford University Press, 2015.

Featherstone, Kevin and Dimitris Papadimitrious. *Prime Ministers in Greece – the paradox of Power*. Oxford: Oxford University Press, 2015.

Runciman, Steven. *The Fall of Constantinople*. Cambridge: CUP, 1990.

Fafalios, Maria, and Costas Hadjipateras. *Greece 1940-41 Eyewitnessed*. Athens: Efstathiadis, 1995.

Thucydides, The Peloponnesian Wars. London: Penguin Classics, 2000.

문화와 문명

Cavafis, C. P. (Keeley, Sherrard 번역). *Selected Poems*. Princeton: Princeton University Press, 1992.

Austerity Measures: The New Greek Poetry, edited by Karen Van Dyck. London: Penguin, 2016.

Palaiologos, Yannis. *The 13th Labour of Hercules – Inside the Greek Crisis*. London: Portobello Books, 2014.

그리스 정교회 전통

Constantelos, D. J. *Understanding the Greek Orthodox Church,* Brookline, MA: Hellenic College Press, 1998.

언어

Bentham, Antigone Veltsidou, etc. *Get by in Greek.* London: BBC Active, 2009.

자전소설

Durrell, Gerald. *My Family and Other Animals.* London: Puffin, 2006.

Miller, Henry. *The Colossus of Marousi.* London: Norton, 1975.

Soterious, Dido. *Farewell Anatolia: The Dead Are Waiting,* Athens: Kedros, 1996.

정착하기

Humphrys, John, and Christopher Humphrys. *Blue Skies & Black Olives.* London: Hodder & Stoughton, 2010.

지은이

콘스타인 부르하이어

영국과 그리스를 기반으로 활동하는 방송인이자 국가 분석가로, 그리스와 발칸반도 전문가로도 왕성하게 활동 중이다. 유고슬라비아의 분리 독립 전쟁 발발 당시부터 2002년까지, 영국 최대 민간군사전문 컨설팅 업체인 '제인스 인포메이션 그룹'에서 그리스, 키프로스 전문 국가와 안보 분석가로 일했다. BBC2의 대표 프로그램 〈Correspondent〉와 CBS의 〈60 minutes〉을 제작했고, 『Alred Novel: His Life and Work』을 공동 집필하는 한편 다수의 책에 도움을 주었다. 현재는 칼럼리스트로 활동하며 매주 영국과 그리스, 키프로스 매체에 글을 기고해 그리스 디아스포라의 전반을 알리고 있다. 런던에 본부를 둔 모노클 라디오에 정기적으로 출연하고 있으며 BBC TV와 라디오에 특별 해설자로 출연하고 있다. 『세계 문화 여행_그리스』편은 그리스를 다른 나라와 비교 설명한 독자적 분석으로 미국과 영국의 대학에서 교재로 사용되고 있다.

옮긴이

임소연

고려대학교 경영학과 졸업 후 이화여자대학교 통번역대학원을 졸업했다. 현재 번역에이전시 엔터스코리아에서 출판 기획, 전문 번역가로 활동하고 있다. 주요 역서로는 『세계 문화 여행_이탈리아』, 『세계 문화 여행_중국』, 『니체라면 어떻게 할까?』, 『그림으로 보는 세계의 뮤지컬』, 『100가지 상징으로 본 우주의 비밀』 등이 있다.

세계 문화 여행 시리즈

세계의 풍습과 문화가 궁금한
이들을 위한 **필수 안내서**